SUMMARY COURT

ある日の簡易裁判所

横浜簡易裁判所判事　岩田 和壽［著］

一般社団法人 **金融財政事情研究会**

推薦のことば

　「ある日の簡易裁判所」は、日本司法書士会連合会が発行する「月報司法書士」の2010年5月号から掲載が開始され、現在も誌面を飾っていただいている。

　本書の内容は多岐にわたるが、会話形式で説明がなされており、堅苦しさを感じることなく読み進めることができるので、その点において、法律雑学的な部類に属するともいえるが、簡易裁判所での実務の取扱いの説明や判例の紹介などもなされているので、裁判実務書としての面をも備えている。

　また、「ある日の簡易裁判所」が多くの会員に読まれ、大変好評であるということは周知しているが、様々な場面において、掲載内容が研修等に活用されている事実は、我々としても喜びとするところである。

　平成14年5月7日に公布され、平成15年4月1日から施行された改正司法書士法により、認定司法書士が簡易裁判所における訴訟代理業務等を行うことができるようになり、節目の10年が経過した。その間の簡裁代理権の実績等についてはあえて述べるまでもなく、また「くらしの中の法律家」として司法書士の存在は国民の間に深く浸透してきている。国民の期待に応えるためにも、司法書士は、ますますの自己練磨と法律的素養の培養、裁判実務の知識・経験が要求されるものである。

　本書は、司法書士にとって、法律的な基礎知識及び簡易裁判所の裁判実務を知るうえでの格好の書といえるが、司法書士はもとより、法律に携わる方々、裁判実務や法律に興味を持つすべての人にも大変参考になるものと思われるので、ここに広く推薦する。

　平成25年7月

　　　　　　　　　　　　　　　　　　　　　日本司法書士会連合会
　　　　　　　　　　　　　　　　　　　　　　会長　齋木　賢二

はしがき

　本書は、「月報司法書士」に連載されている「ある日の簡易裁判所」の平成22年5月号から平成24年8月号までのうち15編分を書籍化したものです。

　「ある日の簡易裁判所」は、簡易裁判所の民事事件の訴訟代理人としての資格を有する認定司法書士の執務の参考に資するために、簡易裁判所の実務に則した手続面や訴訟上の要件事実などに加えてトピックス的な事例や最近の判例などを勉強会における会話形式で紹介したものです。

　ところで、喜ばしいことに回を重ねるごとに、司法書士の方々のみならず、法律に携わる方々や裁判所に勤務する方々、司法委員、調停委員の方々など幅広く読まれてきております。そのような関係もあり、日本司法書士会連合会より書籍化についての要請と後押しがあり、今回、平成22年5月号から平成24年8月号までのうち15編分を取りまとめた次第です。今回、紙面の都合等で掲載できなかった「交通事故に基づく損害賠償」、「近隣紛争」、「土地境界問題」、「土地使用問題」、「地役権」、「地上権・法定地上権」については、平成24年8月号以降の分に含めて、いずれ取りまとめて書籍化できればと考えております。また、刑事事件の一般的な知識としての「刑事令状」も3回にわたって「月報司法書士」に掲載されていますが、本書は民事関係ということで省いております。

　本書の項目は多岐にわたりますが、肩の凝らない法律雑学的な本として、法律関係者だけではなく、法律学を学ぶ学生や一般市民の方々にも読んでいただける内容になっております。

　「ある日の簡易裁判所」という標題の名付け親は、現小倉簡易裁判所判事の石蔵桂子氏であり、裁判実務に関する点については、先輩・同僚裁判官から、書記官事務に関する点については、現東京高等裁判所民事部主任書記官の町田幹氏、現千葉地方裁判所八日市場支部主任書記官の髙仲建太郎氏からそれぞれ教示いただいており、特に髙仲主任書記官には、毎回の原稿に目を通していただいているという関係にあります。

本書の刊行に際して、統計上の数字については、連載されたものに対して、公表されている最新のものに加筆訂正しています。
　「ある日の簡易裁判所」は、平成25年6月現在も「月報司法書士」に掲載を続けておりますが、この場をお借りして、日本司法書士会連合会広報課の皆様、及び「ある日の簡易裁判所」を現に担当していただいている中田美樹氏、平成25年3月号まで担当していただいた吉澤崇氏に感謝申し上げます。
　なお、本書を刊行するにあたっては、金融財政事情研究会の佐藤友紀氏に種々ご尽力いただいたことに深くお礼申し上げます。

　平成25年7月

岩田　和壽

目　次

プロローグ ……………………………………………………………………… 1
登場人物とプロフィール ……………………………………………………… 2

1　解雇予告手当　少額訴訟手続受付窓口にて ……………………………… 3
2　更新料返還請求　少額訴訟手続受付窓口にて …………………………… 10
3　少額訴訟手続 ……………………………………………………………… 19
4　和解手続　日比谷公園にて ……………………………………………… 29
5　民事調停手続（その1） ………………………………………………… 41
6　民事調停手続（その2） ………………………………………………… 54
7　訴訟代理人 ………………………………………………………………… 68
8　送達手続 …………………………………………………………………… 82
9　督促手続 …………………………………………………………………… 96
10　建物賃貸借関係（その1） ……………………………………………… 111
11　建物賃貸借関係（その2） ……………………………………………… 125
12　建物賃貸借関係（その3） ……………………………………………… 139
13　建物賃貸借関係（その4） ……………………………………………… 154
14　スポーツ関係（その1） ………………………………………………… 170
15　スポーツ関係（その2） ………………………………………………… 185

著者略歴 ……………………………………………………………………… 200

プロローグ

　ある日の簡易裁判所の朝のこと、受付カウンターの拭き掃除をしているＢ事務官と、同じく執務机の拭き掃除をしているＣ書記官が軽い会話をしている。
　Ｂ事務官の朝は早い。いつも朝一番に出勤するＣ書記官とのさりげない朝の会話は楽しい。窓の外の日比谷公園の新緑が朝日に輝いている。
　「私に法律を教えていただけないかしら？」
　Ｂ事務官は、前から言おうと思っていたことを口にだしてみた。
　Ｂ事務官は、執務上の疑問点等については、上司の主任書記官や担当の書記官に質問しているが、常々、一般論としての法律的素養をもっと身に付けたいと考えていた。
　「Ｃさんは、Ｄ裁判官と時々法律の話をしているでしょう。お２人のやりとりはコントを聴いているようで面白くて。それにすごく為になるなーと。私は聞き役だけで結構ですので、耳学問をさせていただきたいと思って。」
　Ｃ書記官は、Ｂ事務官の法律的素養を身に付けたいという前向きな姿勢に異論はなく、早速、Ｄ裁判官に勉強会の提案をしてみた。Ｄ裁判官は２つ返事でオーケー。それから３人の勉強会が始まった。

登場人物とプロフィール

B事務官：旅行会社勤務の経験を有する20代の女性事務官。独身（ただし、婚約者あり）。主に窓口における受付事務を担当。趣味は、旅行とスキューバダイビング。

C書記官：民事事件の経験豊かな30代後半の男性書記官。家族構成は妻、２歳の男の子、チワワ（小次郎）。趣味は、釣り、テニス。最近ジョギングにはまっている。

D裁判官：関係機関や司法書士会研修会の講師を多く経験している50代後半の男性裁判官。趣味は、登山。最近は温泉巡りに癒しと楽しさを見いだしている。

S裁判官：スポーツ関係の勉強会に登場し、D裁判官とは同期の裁判官。多芸・多趣味で好奇心も旺盛。ニホンイシガメ（トシ）を長年の友とし、小鳥、メダカの繁殖に癒しを求めている。

1　解雇予告手当

　　　　　　　　　　　　　　　　少額訴訟手続受付窓口にて

A司法書士：少額訴訟の受付をお願いします。
B事務官：はい。訴状を拝見します。えーと、解雇予告手当請求ですね。訴状とそれに副本と印紙、切手、証拠書類の写しそれぞれ2通、委任状、被告会社の登記簿謄本、それから事情説明書。持参された提出書類はこれだけですね。
A司法書士：一応これだけです。足りないものがありましたら、言っていただければ追完します。
B事務官：内容や提出書類の詳しい点については、担当書記官から説明があります。ちょっとお待ちください。どの係に配てんになるか調べてみますので。えーと、事件番号は100号で、9係になりますね。今、担当の書記官と替わりますので。
C書記官：9係のCです。訴状を拝見します。解雇予告手当請求で……、付加金も同時に請求している事案ですね。訴額と印紙の関係は……、付加金を解雇予告手当請求と併せて請求する場合は、附帯請求として、訴額に算入しない取扱いをしておりますので……、オーケーですね。送達用の切手も3,910円分添付されてますね。添付の証拠書類はこれですね？
A司法書士：証拠書類については、本人の手持ちのものはこれだけでしたので、すべて用意したつもりです。
C書記官：そうですか。分かりました。原告本人は、労働基準監督署に相談に行ってるようですね。解雇予告手当の計算関係もそこで教えられたということでしょうか。当然、先生も計算されてますね。……それから、被告会社は事業を継続してますね。そうすると、送達の見込みは大丈夫ということで。……それでは、事件番号と係名が書かれた受理票をお渡しします。
A司法書士：平成22年（少コ）第100号ですね。9係ということになると裁

判官はD裁判官になりますか？
C書記官：そうです。弁論期日を決めたいのですが、開廷日は毎週木曜日になります。3週間後の○月×日でいかがでしょうか？
A司法書士：時間は何時になるでしょうか？この日の午前11時に他の係の弁論が入ってますので、この時間帯を避けていただけば結構です。
C書記官：この日であれば、2時半から45分は取れますので、この時間でいかがでしょうか？
A司法書士：結構です。この時間に出頭します。
C書記官：それでは、期日請書の提出をお願いします。それから、少額訴訟ですので、本人の同行をお願いします。先生の感触としては、本人は和解の話し合いには応じられそうでしょうか？
A司法書士：本人は、本当は円満に解決したかったと言ってますので、話し合いには応じられると思います。なお、裁判所における和解とはどういうものかということや、本件の解決のための柔軟な対応や幅という点についての話はしておきます。こちらとしても本人の意思の確認は大切なことですからね。
C書記官：分かりました。よろしくお願いします。ところで、この解雇予告手当請求について、裁判官から指示等がありましたら、事務所の方に連絡いたします。
A司法書士：よろしくお願いします。事務員にも、裁判所からの連絡がスムーズにいくように指示しておきますので。

＊

　認定司法書士制度が発足して、認定司法書士が簡易裁判所の代理業務に携わることになってから丸10年になる。その年数と実務の状況から、代理人としての業務が創世記から安定期に入りつつあるのではないだろうか。現在では、認定司法書士が委任を受けて訴訟代理人となるのは、不当利得金返還請求ばかりでなく、敷金、貸金、賃金、交通事故による損害賠償など幅広く様々な事件に広がってきているという実感がある。解雇予告手当請求事件についても例外ではない。そこで、D裁判官、C書記官、B事務官が行っている解雇予告手当関係の勉強会

にちょっと耳を傾けてみたい。

＊

D裁判官：Bさん、窓口での感想として、解雇予告手当請求は多いと思いますか？

B事務官：この頃、社会情勢を反映しているのかどうか分かりませんが、未払賃金請求や解雇予告手当請求が多くなってきたように感じています。統計上どうなんでしょうか？

C書記官：東京簡裁の場合、平成21年は敷金返還請求を抜いて、賃金・解雇予告手当等の請求事件が少額訴訟申立ての第1位の座を占めたから、Bさんの実感は正しいと思います。ちなみに、賃金・解雇予告手当等が約13％で、2位となった敷金返還は約12％、3位は請負代金請求の約10.5％、この3者の申立て件数は順位が変わっても、この3年は不動ですね。

D裁判官：早速だけど、Cさん、解雇の定義を言ってみてください。

C書記官：解雇というのは、使用者の一方的意思表示による雇用契約の解除ということでしょうか？

D裁判官：そうですね。任意退職は解雇にはなりませんね。しかし、任意退職が形式的には労働者の退職願等に基づいて行われた場合であっても、それが使用者の有形無形の圧力によってなされた場合には、解雇とみなされる場合がありますね。そうすると、解雇予告手当を請求することができる根拠はどういうことになりますか？

C書記官：端的に言えば、労働者の生活保障のためでしょうか。労働者の予測しない収入の中絶を保護するものといえます。労働基準法20条は「使用者は、労働者を解雇しようとする場合においては、少なくとも30日前にその予告をしなければならない。30日前に予告をしない使用者は、30日分以上の平均賃金を支払わなければならない」と規定しています。予告なしの解雇を行う使用者に対し、解雇予告手当の支払いを強制しています。

D裁判官：除外認定制度というものがありますね。それはどういうものですか？

C書記官：労働基準法20条1項ただし書は「天災事変その他やむを得ない事由のために事業の継続が不可能となった場合又は労働者の責に帰すべき事由に基づいて解雇する場合」に、その事由について「行政官庁の認定」を受けることを条件として、解雇予告ならびにそれに代わる手当の支払いを強制しないと規定しています。

D裁判官：そうですね。しかし、必ず行政官庁の認定を受けなければならないかどうかについては、東京高裁昭和47年6月29日判決（判例タイムズ285号311頁）がありますね。その内容は、労働基準法20条3項による行政官庁の認定を受けないで解雇した場合であっても、労働者の責に帰すべき事由が存する場合においては、当該労働者は解雇予告手当を請求することはできないというものです。大阪地裁平成20年8月28日の判決ですが、取引先等で暴言を吐くなど頻繁にトラブルを生じさせ、また繰り返し無断欠勤するなどしていたトラック運転者に対する解雇の事案で、この運転手の言動によって会社の業務遂行および職場秩序に少なからず支障を来したことが認められ、運転手の解雇は、労働者の責に帰すべき事由に当たるとされ、解雇予告手当の支給による保護を図る必要のないものと認めるのが相当であるので、行政官庁の除外認定がされていなくとも、会社に解雇予告手当の支払義務はないとしています。ところで、適用除外という規定もありますね。Bさん、適用除外者に対して解雇予告義務が生じる場合を述べてください。

B事務官：①日々雇い入れられる者は、1か月を超えて引き続き使用されるに至った場合、②2か月以内の期間を定めて使用される者は、所定の期間を超えて引き続き使用されるに至った場合、③季節的業務に4か月以内の期間を定めて使用される者は②と同じ、④試用期間中の者は、14日を超えて引き続き使用されるに至った場合です。

D裁判官：ところで、労働基準法12条にいう平均賃金とは、「これを算定すべき事由の発生した日以前3か月間にその労働者に対し支払われた賃金の総額を、その期間の総日数で除した金額」ですね。解雇予告手当の場合の「算定すべき事由の発生した日」というのは、「労働者に解雇の通告をした日」とされていますね。そして平均賃金というものをもう少し

詳しくいうと、「1労働日当たり賃金」や単なる日給額ではなく、休日を含めた3か月間における「1生活日当たり賃金」ということになりますね。ところで、「賃金の総額」にはどのような賃金が含まれますか？

B事務官：原則として、労働基準法11条に規定する賃金のすべてが含まれます。基本給はもとより、歩合給、家族手当、通勤手当、皆勤手当、割増賃金等もすべて「賃金総額」に含まれます。ただし同法12条4項に規定されていますが、①臨時に支払われた賃金、②例えば賞与のような3か月を超える期間ごとに支払われる賃金、③労働協約の定めによらないで通貨以外のもので支払われた賃金は「賃金総額」に算入されません。

D裁判官：そうですね。それでは、Cさん、訴え提起に当たっての解雇予告手当の計算式はどうなりますか？

C書記官：
(1) 月給制などの場合の基本的な計算式は
　① 解雇予告の日の翌日から解雇の日までの日数……A
　② 解雇予告手当の計算期間：平成〇年〇月〇日から平成△年△月△日まで（〇日間）……B
　③ Bの期間内の賃金総額……C
　④ 解雇予告手当の計算
　　C円÷B日×（30日－A日間）＝解雇予告手当金
　　（50銭未満の端数は切捨て、50銭以上1円未満は1円とする＝通貨の単位及び貨幣の発行等に関する法律3条。以下同じ。）
(2) 日給制又は時給制の場合は、平均賃金の下限（解雇日前日の以前3か月間の総額を、その間の実働日数で除した金額の100分の60）が設けられていますので、その場合の計算式は
　① 計算期間平成〇年〇月〇日から平成△年△月△日
　② ①の期間の暦日（〇日間）……A
　③ ①の期間中の実働日数（〇日間）……B
　④ ①の期間中の賃金総額（金〇円）……C
　⑤ 暦日による平均賃金の計算
　　C円÷A日＝平均賃金……D

⑥　平均賃金の最低保障額の計算
　　C円÷B日×60／100＝最低保障額……E
⑦　平均賃金の最低保障額による解雇予告手当は、Eの額がDの額より多い場合に、E円×○日（予告期間の不足日数）＝解雇予告手当金となります。
　以上のような計算式になると思います。

D裁判官: それでは、解雇予告手当を請求する場合の請求原因として述べなければならない事実はどうですか？

C書記官: 次のような事実だと思います。
　○雇用契約の締結の事実
　　　雇用契約締結日、合意した労務の内容、合意した賃金の内容（月給、日給、時給の別及びその額、締切日及び支払日）
　○解雇の意思表示の事実
　　　解雇予告の有無、ある場合はその日、解雇日、解雇予告日の翌日から解雇日までの日数
　○解雇予告手当の額
　　　平均賃金の計算期間、平均賃金計算期間に支払われるべき賃金の総額、解雇予告手当の計算式

D裁判官: そうですね。それでは、Bさん、訴状と共に提出してもらっている添付書類として考えられるものはどのようなものがありますか？

B事務官: そうですね。まず雇用の事実があったことが前提となりますから、採用通知とか雇用を証明する書類や就業規則、平均月収の算出の根拠になる計算書、給与などの支払明細書、求人広告、退職金の基準となる資料などが考えられると思いますが。

D裁判官: 考えられるのは、そのようなものでしょうね。ところで、解雇予告手当と共に付加金を請求してくる場合がありますね。付加金とはどういうものですか？

C書記官: 付加金とは、裁判所は、労働基準法20条、26条、37条の規定に違反し、又は39条6項の期間における賃金を支払わなかった使用者に対し、本来支払うべき金額の未払金と同額の付加金の支払いを命じることがで

きるという労働基準法114条1項に定められた規定です。

D裁判官：そのとおりですね。付加金の支払義務は、労働者の請求により裁判所が判決で支払いを命じ、これが確定することにより初めて発生し、労働者は使用者に対し民法所定年5分の割合による遅延損害金の支払を請求できるとしていますので（最一小昭和50年7月17日判決・判例時報783号128頁）、判決の主文は、「被告は、原告に対し、○円（付加金の額）及びこれに対する本判決確定の日から支払済みまで年5分の割合による金員を支払え。」となります。ですから、付加金の支払いを命じる判決に仮執行宣言は付けることができませんね。ところで、解雇予告手当請求に対する使用者側の主張や抗弁の主なものをあげてみてください。

C書記官：まず考えられるのは、解雇事実の否認があります。つまり、任意退職の主張が考えられます。次に、労働基準法20条1項ただし書の「労働者の責に帰すべき事由に基づく解雇」の抗弁があります。それと、労働基準法21条所定の除外事由の抗弁があります。それから、解雇予告手当の請求は、2年間行わないことにより、時効により消滅しますので（労働基準法115条）、消滅時効の主張があります。また、付加金の請求は、違反のあった時から2年以内にしなければなりません（同法114条2項）。これは除斥期間と考えられています。

D裁判官：実務における争点のほとんどは、Cさんが説明してくれたものにつきますね。しかし、事案によっては雇用の形態がはっきりしないものがあったり、賃金体系はどうなっているのかと首を捻らされるものがあったりしますし、解雇予告手当請求といっても様々なものがありますね。それでは、今日はこのくらいにしておきましょうか？

B事務官：ありがとうございました。次回の勉強会は建物賃貸借契約における更新料についてということでよろしいでしょうか？

D裁判官：そうですね。昨年から話題になっている大阪高裁の判例があり、更新料の支払合意が有効か無効か、その見解も分かれているので、トピックス的な事例として研究してみるのも価値がありますね。

2　更新料返還請求

少額訴訟手続受付窓口にて

M司法書士：受付お願いします。

B事務官：はい。申立書類を拝見します。申立ては敷金返還請求ということでしょうか？申立書類は、訴状とそれに副本、印紙、切手3,910円分、証拠書類の写しそれぞれ2通、委任状、事情説明書（甲）、これだけですね。

M司法書士：そうです。証拠書類として用意できたのはこれだけです。印紙の額は大丈夫でしょうか？

B事務官：内容や提出書類の詳しい点については、担当書記官から説明いたしますので、ちょっとお待ちください。どの係に配てんになるか調べてみます。事件番号は200号で、9係になります。今、担当の書記官と替わりますので。

C書記官：9係のCです。敷金返還請求ということでしょうか？内容を拝見しますと、更新料の返還も請求されるということですね？

M司法書士：敷金返還請求に併せてこれまで支払った更新料の返還も求めています。賃料の日割計算も曖昧になっている事案です。

C書記官：そうですか。分かりました。請求金額は、45万6,000円ですので、印紙の額は5,000円となります。参考のためですが、訴訟における請求金額（訴額）100万円までの手数料の額の計算方法は、請求金額10万円までは1,000円、10万0001円から20万円までは2,000円というように1,000円単位で上がっていきます。

M司法書士：そのように覚えれば分かりやすいですね。調停や支払督促の手数料は、確かその半額と記憶していましたが……。

C書記官：そのとおりです。それでは、事件番号と係名が書かれた受理票をお渡しします。

　　平成22年（少コ）第200号になります。それから、弁論期日を決めた

いのですが……。開廷日は毎週木曜日になりますが、3週間後の○月×日のご都合はいかがでしょうか？

M司法書士：ちょっとお待ちください。……この日は空いております。午後になるでしょうか？

C書記官：敷金返還請求の場合は、被告の出頭率も高いので、なるべく午後の時間という取扱いにしています。この日であれば、1時半から1時間と3時半からの時間が取れますが。

M司法書士：1時半からにしていただけるとありがたいのですが。

C書記官：それでは、1時半ということで。期日請書の提出をお願いします。それから、少額訴訟ですので、本人の同行をお願いします。本人の和解の意思はいかがでしょうか？

M司法書士：本人は、円満に解決したい意向のようですが、なにしろ相手があることですので……。なお、和解とはどういうものかということや、本件の解決のための柔軟な対応や金額の点などについての話はしておきます。

C書記官：分かりました。よろしくお願いします。ところで、この訴状の関係について、裁判官から指示等がありましたら、電話で連絡いたしたいと思いますが。

M司法書士：よろしくお願いします。私の不在のときにも連絡がつくようにしておきますので。

＊

　M認定司法書士は、敷金返還請求と共に更新料の返還を求める訴訟を簡易裁判所に提起してきた。ところで、更新料の支払合意は有効か無効かについては、下級審において判断の分かれるところであったが、控訴審の判断として、平成21年8月27日に、大阪高等裁判所において、第1審京都地方裁判所の更新料の支払合意は消費者契約法10条により無効であるとはいえないとした判決（判例タイムズ1279号225頁、判例時報2015号94頁）を変更して、無効であるとの判決（判例時報2062号40頁、以下「8月判決」という。）がなされ、その後同年10月29日に、同じ大阪高等裁判所において、第1審大津地方裁判所の更新料の支払合意は、消

費者契約法10条に照らして無効と解することはできないとの判決（判例時報2064号70頁）を維持した判決（判例時報2064号65頁、以下「10月判決」という。）がなされ、その見解が分かれることとなった。そして、平成22年2月24日に、やはり大阪高等裁判所において、第1審京都地方裁判所の判決を維持して、更新料の支払合意は無効であるとの判決（未登載、以下「2月判決」という。）がなされた。3件の判決はそれぞれの事案に応じた判断ではあるが、更新料の支払合意が有効か無効かの判断は、更新料の法的性質や支払特約の有効性など消費者契約法10条の解釈とともに難しい問題が含まれており、個別の事件処理においては慎重な検討が求められているといえる。

*

D裁判官： 石外克喜著『権利金・更新料の判例総合解説』117頁以下に更新料の発生経緯のことが書いてあるけど、これによれば、敷金の発生は室町時代までさかのぼることができ、権利金の存在も徳川時代に認められていたとあり、更新料については時代的にずっと遅れ、昭和27、28年ころになって、その授受が不動産賃貸借の当事者間に認められるようになったとありますね。そして、東京周辺その他の高地価地帯では、昭和30年代ころから次第に一般化してきたようだとも書いてあります。しかし、更新料の授受の慣行のない地域もあるようで、更新料返還請求訴訟というものは全国共通の問題とはならないようですが、少なくとも、我々の勤務する東京では、更新料の問題は避けて通れませんので研究しておく価値はあると思います。訴え提起において、8月判決のいわゆる無効判決が出てすぐに当事者間に反応があったように感じていますが、Bさん、窓口対応でそのような感じを受けませんでしたか？

B事務官： 確かにそんな感じを受けました。これまでは敷金返還のみ、あるいは日割賃料の精算を含めた請求がほとんどだったのですが、9月の上旬ころに、これまで支払った更新料の返還も併せて求めるという事案があったので、疑問に思ってCさんに聞いてみたところ8月判決の存在を知りました。

C書記官： 私も裁判官に8月判決を教えていただいていなければ、Bさんと

同じような疑問を持ったと思います。

D裁判官： 8月判決がなされて、その後に10月判決のいわゆる有効判決が出て、端的にいえば、違う結論ということで、簡易裁判所の現場では戸惑いが無いと言えば嘘になりますね。そんなこんなしているうちに2月判決のいわゆる無効判決が出て、大阪高裁の判断が、無効判決2に対し有効判決1ということになりました。今日はこれらの判決を基に更新料についての勉強ということになりますね？Cさん、更新料の意義は？

C書記官： 更新料とは、土地、建物の賃貸借契約が更新される際に、家賃とは別に更新の対価として賃貸人に支払われる金銭をいいます。更新についての規定は、借地については借地借家法4条以下に、借家については26条以下にありますが、更新料の授受についての直接の規定はありません。

D裁判官： そうですね。規定がないから、更新料の支払合意は、消費者契約法10条に照らして有効か無効かという問題が生じてきたのですね。ところで、更新には法定更新という概念がありますが、法定更新は、当事者の意思のいかんにかかわらず、一定の事実があれば契約の更新があったもの、例えば、期間の定めのある借家契約の場合、賃貸人から賃借人に対して、更新拒絶の通知をしない限り、当然、借家契約は更新されたとみなされることですね。

C書記官： はい。それでこれまでの更新料支払の問題の多くは、更新料の特約が合意更新の場合を想定しているために、合意なくして更新される法定更新の場合にも更新料を支払う義務があるのかという点だったと思うのですが、そういう疑問でよろしかったのでしょうか？

D裁判官： そうですね。そういう問題があり、更新料支払義務についての裁判例も分かれていますね。東京地方裁判所平成19年7月27日の判決は、更新料支払義務の不履行を理由とする賃貸借契約解除を主張した事案について、「法定更新の更新料については、更新料を支払う義務があるかどうかについて裁判所の裁判例も、判断も分かれるところである。」と明確に述べ、結論として信頼関係を破壊していないと認めるのが相当であるとしていますね。

B事務官：今後の展開は、更新料支払条項と消費者契約法10条との問題となるのでしょうか？

D裁判官：それは当事者の主張するところによりますが、更新料返還請求訴訟においては、返還を求める側からの更新料支払条項は消費者契約法10条に違反するという主張が多くなるような気がしますね。

B事務官：分かりました。それで、8月判決と10月判決、2月判決の事案を分析しておく価値は大いにあるということですね。

D裁判官：そうですね。まず、8月判決と10月判決、2月判決の事案の内容を把握して、それから、それぞれの判断内容に入ってみましょう。Cさんは事案の概要を表にしていましたね。

C書記官：一応分かりやすく表にしてみました。

	期間	月額賃料等	礼金等	更新料
8月判決 （無効判決）	平12・8契約 期間1年間	賃料 4万5,000円	礼金 6万円	1年ごとに10万円
10月判決 （有効判決）	平12・11契約 期間2年間	平18・10までの旧賃料 5万2,000円 共益費 2,000円	礼金 20万円	当初2年ごとに旧賃料の2カ月分（10万4,000円） 平18・11から2年ごとに旧賃料の1か月分（5万2,000円）
2月判決 （無効判決）	平15・4契約 期間1年間	賃料 3万8,000円 共益費、ケーブルテレビ使用料は別途支払う	定額補償 分担金 12万円	1年ごとに賃料の2カ月分（7万6,000円）

B事務官：この表を見ると、8月、2月のいわゆる無効判決は、期間1年で更新料が賃料の2倍あるいはそれ以上となっていますね。10月のいわゆる有効判決は、期間2年ということと当初の更新料は賃料の2か月分だったのが途中から1か月分になっていて、有効判決と無効判決では、更新料の額に大きな違いがありますね。

D裁判官：そのようですね。更新料の額については、10月判決は、更新料を事実上の賃料として計算すれば、月額賃料と比較してもその差額は5,000円未満であること、仮に更新料が存在しなかったとすれば月額賃料は当

初から高くなっていた可能性があるところ、これと比較して、本件更新料が存在しなかったことの方が、果たして賃借人にとって実質的に利益であったといえるのかは疑問であることからすると、本件更新料支払条項が設定されていたことによって、賃借人が信義則に反する程度にまで一方的に不利益を受けていたということはできないとしていますね。

　8月判決は、賃料の補充の性質の主張については否定して、更新料の額については、本件賃貸借契約の期間が借地借家法上認められる最短期間である1年間という短期間であるにもかかわらず、本件賃貸借契約における更新料の金額は10万円であり、月払の賃料の金額（4万5,000円）と対比するとかなり高額といい得るとしています。

　2月判決は、やはり賃料の補充的性質を否定し、更新料の額については、1年ごとに月額賃料の2か月分はかなり高額であるとし、控訴人（賃貸人）が収入を確保しようとするのであれば、端的に更新料相当分を賃料に上乗せした賃料の設定をして賃借人になろうとする者に提示し、賃借するか否かを選択させることが要請されるというべきであるとしています。

C書記官：8月、2月判決は更新料の賃料の補充的性質を認めず、10月判決は賃料の補充的性質を認めているように読めますが、更新料の額の点からみれば、月額賃料と期間とのバランスから判断されたとも読めますね。

D裁判官：更新料の額の点だけからみれば、高額か低額かが論点になるでしょうが、やはり更新料の法的性質論を抜きにして判断することは難しいでしょうね。

B事務官：更新料の法的性質について、(ア)更新拒絶権放棄の対価（紛争解決金）、(イ)賃借権強化の対価、(ウ)賃料の補充ということをいずれの事案でも賃貸人側が主張していますよね。そして、8月、2月判決ではそのような性質を有しないとされていますよね。

C書記官：10月判決では、(ウ)賃料の補充の性質について、賃貸人、賃借人双方ともに、物件の使用収益の対価としてかかる一時金が設けられているという限度では両者の認識は合致しており、本件更新料は、合意更新後

の賃貸借契約における賃料の一部前払いとしての性質を有するものというべきであるとし、㋐更新拒絶権放棄の対価については、居住用建物の賃貸借契約において、更新拒絶の正当事由が認められる場合は経験則上多くないから、本件賃貸借においては、その性質は希薄であるとし、㋑賃借権強化の機能についても、その性質は希薄であるとしていますね。

D裁判官：2月判決は、8月判決同様、㋐更新拒絶権放棄の対価としての性質、㋑賃借権強化の対価としての性質、㋒賃料の補充としての性質も否定しています。8月、2月の無効判決も、10月の有効判決（10月判決は希薄であるという表現をしているが）も、更新拒絶権放棄の対価及び賃借権強化の対価としての性質については認めないことで一致しているともいえますね。そうすると、賃料の補充の性質についての判断が分かれているといえると思います。そして、更新料支払条項が消費者契約法10条に違反するか否かの前提として、情報収集力の格差などの点についても判断がなされ、結論が分かれたということですね。Bさん、各判決の情報収集力等の格差についてはどうなっていますか？

B事務官：まず8月判決ですが、控訴人（賃借人）は、居住用建物として本件物件を賃借したにとどまり、当初本件賃貸借契約締結時及び本件更新契約時を通じて、被控訴人（賃貸人）と比べて建物賃貸借に関しては少ない情報しか有していなかったと推定され、被控訴人と控訴人との間において情報収集力に大きな格差があったことは疑いようがないとしています。10月判決は、控訴人（賃借人）が、本件賃貸借契約を締結した当時、24歳の会社員であったことを併せ考えれば、本件更新料支払条項が控訴人の無知あるいは錯誤等に乗じて設定されたものとは到底認められないとし、2月判決は、本件賃貸借契約締結当時、被控訴人（賃借人）は京都市立芸術大学の学生であり、賃貸借契約あるいは更新料について十分な法的知識はなかったことが窺われると認定し、控訴人（賃貸人）と被控訴人との間に情報の質の格差が現に存在したとしています。

C書記官：こう見てくると、更新料の賃料補充の性質ばかりでなく、情報収集力の格差という判断についても分かれていますが、判断が分かれる根拠というものが分からなくなりました。

D裁判官：いずれの判決も弁論の全趣旨によればという表現をしていますね。ケースバイケースと言ってしまえばそれまでですが、難しいところですね。Bさん、参考のために8月判決の消費者契約法10条に反するという結論部分を読んでみてください。

B事務官：「以上の検討結果によれば、本件更新料約定の下では、それがない場合と比べて控訴人（賃借人）に無視できないかなり大きな経済的負担が生じるのに、本件更新料約定は、賃借人が負う金銭的対価に見合う合理的根拠は見出せず、むしろ一見低い月額賃料額を明示して賃借人を誘引する効果があること、被控訴人（賃貸人）側と控訴人との間においては情報収集力に大きな格差があったのに、本件更新料約定は、客観的には情報収集力の乏しい控訴人から借地借家法の強行規定の存在から目を逸らせる役割を果たしており、この点で、控訴人は実質的に対等にまた自由に取引条件を検討できないまま当初本件賃貸借契約（最初の賃貸借契約）を締結し、さらに本件賃貸借契約（更新された賃貸借契約）締結に至ったとも評価することができる。このような諸点を総合して考えると、本件更新料約定は、「民法第1条第2項に規定する基本原則に反して消費者の利益を一方的に害するもの」ということができる。」注：（ ）内は筆者が説明を加えたもの。

D裁判官：10月判決は、本件更新料支払条項が、消費者契約法10条後段に該当するものとは認められず、無効と解することはできないとしていますね。さらに、本件更新料支払条項は、民法90条に反し、無効であるかどうかについて判断していますが、Cさん、その部分を読んでみてください。

C書記官：「本件更新料の趣旨及び金額（特に礼金及び月額賃料との比較）等に照らせば、本件更新料支払条項によって、賃借人である控訴人が信義則に反する程度に一方的な不利益をうけることになるものでないから、本件更新料支払条項が暴利行為に該当するものと認める余地はなく、民法90条に反して無効と解することはできない。」

D裁判官：ありがとう。8月判決、10月判決、2月判決を一応おさらいしてみましたが、これらの判決に対しては、いずれも上告されていますの

で、簡易裁判所の現場としては上告審の判断がどうなるのか、またその判断理由がどのような内容になるのか大いに関心のあるところですね。
C書記官：更新料について最高裁の判断がどのようなものになるのか楽しみになりました。ありがとうございました。ところで、次回は少額訴訟手続をおさらいするということでよろしいでしょうか？
B事務官：少額訴訟手続と少額訴訟債権執行制度の基本的なところからお願いします。

追　記
1　平成22年5月27日に大阪高裁において、賃貸マンションの更新料を徴収する契約条項は無効であるとの判決がなされた。これにより、更新料に関する大阪高裁の判断は「無効」が3件、「有効」が1件となった。
2　平成23年7月15日最高裁第二小法廷の大阪高裁2月判決に対する上告審判決（判例タイムズ1361号89頁、判例時報2135号38頁、金融・商事判例1384号35頁）は、更新料の支払条項は有効であるという判断をしている。判決要旨は次のとおりとなっている。
　　なお、詳しくは建物賃貸借編（その3）を参照されたい。
　　【判決要旨】賃貸借契約書に一義的かつ具体的に記載された更新料の支払を約する条項は、更新料の額が賃料の額、賃貸借契約が更新される期間等に照らし高額に過ぎるなどの特段の事情がない限り、消費者契約法10条にいう「民法第1条第2項に規定する基本原則に反して消費者の利益を一方的に害するもの」には当たらない。
3　敷引特約に対する最高裁の判断（平成23年3月24日判決、平成23年7月12日判決）については、建物賃貸借編（その4）を参照されたい。

3 少額訴訟手続

　少額訴訟手続が、民事訴訟法の改正により、簡易裁判所の手続として導入され施行されたのが、平成10年1月1日からなので、すでに15年を経過している。現在においては、少額訴訟手続が市民間に定着したという感がある。しかし、東京簡易裁判所の例をとってみれば、遠隔地に居住するものを被告として訴える事案や訴額を60万円に押さえるための一部請求の事案、そして複雑困難な事件にかかわらず少額訴訟手続での解決を求める事案など、当初予想しなかったような事案の訴訟が増えてきているということができる。

　平成16年から平成21年までの全国の少額訴訟の受理件数は2万件台で推移しており、ピークは平成17年の2万3,584件となっている。東京簡易裁判所での受理件数は、平成17年は3,561件で、平成18年には前年比で僅かに減ったが、平成19年からは増加傾向にあり、平成20年は3,638件、平成21年は3,978件となっている。

　ところで、認定司法書士が、訴訟代理人として少額訴訟手続に関与する率も年々増えてきているのも事実であり、その意味において認定司法書士間にも少額訴訟手続への理解が深まってきたのではないかと思われる。ちなみに、全国統計の認定司法書士が委任を受けた事件数をみてみると、平成15年度は、通常訴訟で1,445件、少額訴訟で43件だったのが、平成20年度は、通常訴訟で7万6,413件、少額訴訟で561件となって、大幅に通常訴訟、少額訴訟ともに認定司法書士の代理人としての関与率が上がってきている。

　なお、「月報司法書士№442　特集・少額訴訟制度〜施行10年」及び「市民と法№51　特集・少額訴訟10年の軌跡」において、各筆者によって、少額訴訟制度の活用や少額訴訟手続への司法書士の関与や代理人としての認定司法書士代理人の役割などが論じられているので参照されたい。

＊

D裁判官：少額訴訟手続が設けられたのはどのような理由からでしょうか

ね？

B事務官：小規模な紛争について、少しでも一般市民が訴額に見合った経済的負担で迅速かつ効率的な解決を裁判所に求めることができるようにすることを目的として、民事訴訟法368条以下に少額訴訟に関する特則が創設されたといわれています。

D裁判官：そうですね。簡易裁判所は、三審制の下で、地方裁判所とともに第一審裁判所として位置づけられていて、民事訴訟法270条以下に簡易裁判所の訴訟手続に関する特則が設けられてはいるものの、基本的には地方裁判所と同一の訴訟手続が適用されることが前提となっています。このため、簡易裁判所の管轄に属する訴訟事件の中でも、特に少額であり、しかも複雑困難でないものについては、手続として当事者に負担が重いという面がありました。そこで、Bさんが説明してくれたような理由で、一般市民が身近な紛争解決手段として設けられた手続が少額訴訟手続ということですね。

C書記官：少額裁判制度については、アメリカやドイツなどでは早くから法整備がなされているということのようですが、確か、D裁判官はアメリカに行かれたことがありましたよね。

D裁判官：ニューヨークの少額裁判の夜間法廷やワシントン、ダラス、フェニックス、サンフランシスコなどの裁判所の法廷を傍聴したことがあります。一番印象的だったのはニューヨークの夜間法廷でした。夜間法廷は午後6時に開廷しますが、200人くらい入れる大法廷が満杯になるくらい当事者が着席し、事件番号と当事者名が読み上げられると、当事者双方は次々に裁判官が座っている法壇の前に行き、裁判官が事件の内容確認と争うかどうかを質問し、争わなければ、別室において日本でいう和解の話し合い、争いがあれば、やはり別の室に行って期日の調整をするというもので、流れ作業のようなものでした。その意味で、日本における少額訴訟手続の時間配分と当事者に対する手厚さというものとのギャップを感じましたね。それから、大きな法廷に、年齢、性別、人種がまちまちの人たちが入っているにもかかわらず、法廷の厳粛さが保たれていたのにも一種の感動を受けました。

B事務官：時間配分というのは、日本では事案によって異なりますが、それなりの審理時間を想定して期日を定めているという意味で、ニューヨークの少額裁判とは違うということになるのでしょうか？

D裁判官：そうです。日本では、その日のうちに解決に導くために時間に幅を持たせていますからね。また、当事者双方に対しても、事件申立てから終局まで、書記官による連絡・調整など手厚く行っていると思うのですが。

C書記官：そのようにするのが当然と思っていましたが、国によって違いがあるのですね。

D裁判官：そうですね。この間、在外研究員として日本に留学している韓国の裁判官が東京簡裁の少額訴訟の法廷傍聴にみえて、その折りに韓国の少額訴訟手続のことなどを伺ったのですが、日本の手続は、韓国の手続とは違っていましたね。

C書記官：日本では、原告の申立てにより少額訴訟になりますが、韓国では、訴訟の目的の価額が一定の額の範囲内であれば、自動的に少額事件として処理されると聞いたことがありますが。

D裁判官：そのようです。訴額が2,000万ウォン（平成22年1月から5月までの平均的な換算レートとして1ウォンを0.08円で換算すると日本円で160万円）を超えない金銭その他の代替物、有価証券の一定の数量の給付を目的とするものは、少額事件の手続による審理を求める旨の申述なくして、自動的に少額事件となるようです（韓国、少額事件審判規則1条の2）。それから、日本のように、原告の利用回数を10回とするような回数制限はありません。もちろん原則1回の期日で審理を終わらせるという点においては、日本と同じのようですが。意外に思ったことは、裁判官は、必要と認定したときには、職権で証拠調査をすることができるという規定です（韓国、少額事件審判法10条）。日本では、職権による証拠調べはできませんからね。

B事務官：外国の手続を知るというのも面白いですね。Cさんは、私に対して、外国の手続を知るには、日本の手続をしっかり覚えなければならないと言いたいような顔をしていますね。

C書記官：そのとおりですと言いたいところですが、私もきちんと少額訴訟の手続を勉強しなければと思っています。

D裁判官：それじゃ、まず条文に当たることが大切ですね。少額訴訟の手続については、民事訴訟法の何条に規定されていますか？

C書記官：第6編、368条から381条までが少額訴訟に関する特則として規定されています。

D裁判官：Bさん、少額訴訟の要件を述べてみてください。

B事務官：訴訟の目的の価額が60万円以下の金銭の支払を請求する訴えが対象となります。ですから、建物明渡請求などの物の引渡請求、所有権確認請求や債務不存在確認請求などは少額訴訟で申し立てることはできません。

D裁判官：そうですね。訴額が60万円以下ということですが、附帯請求である利息や遅延損害金は訴額に算入されません。しかし、併合請求の場合には合算した額が60万円以下であることが必要になりますね。一部請求の問題については、1個の債権の数量的な一部についてのみ判決を求める旨を明示して訴えが提起された場合に、一部請求についての確定判決の既判力は残部の請求に及ばないという判例（最判昭37．8．10民集16巻8号1720頁、評釈論文・別冊ジュリスト115号318頁、民商法雑誌48巻5号111頁）がありますので、少額訴訟においても一部請求は認められると考えられます。もし、一部請求が制度の濫用と解される場合には、職権による通常移行を検討すればよいことになりますね。ちなみに、韓国では、一部請求の制限規定が設けられていて（少額事件審判法5条の2）、債権者は、少額事件審判法の適用を受ける目的で請求を分割し、その一部だけを請求することはできないとされています。Cさん、少額訴訟の審理の基本原則を述べてみてくれませんか？

C書記官：まず、審理の基本は「一期日審理の原則」です。このことから、当事者は、期日前又は期日において、すべての攻撃、防御の方法を提出しなければなりませんし、証拠調べは即時に取調ができる証拠に限りすることができるということになります。

D裁判官：そうすると、1回の期日において、すべての攻撃又は防御の方法

を提出させ、証拠も整理させるとなると、書記官の事前準備における役割が重要になりますね。Cさん、苦労しているのでしょう？

C書記官：仕事ですから、と言いたいところですが、やはり事件毎に気を遣います。一番気を遣うのは、当事者双方に対する手続教示や事前準備の示唆において裁判所の公平な立場を疑われないようにすることです。いろんな性格の方がおりますし、年齢層もまちまちですから……。

D裁判官：ご苦労様です。書記官の事前準備があってスムーズな訴訟運営が可能となりますからね。ところで、即時に取調ができる証拠という点で問題になるのは証人尋問ですが、同行証人は問題がないとしても、呼出証人についてはどうでしょうか？ Bさんはどう考えますか？

B事務官：消極の考えもあるのでしょうが、理論的には、事前の証拠の申出があり、裁判所で呼び出して欲しいとの申請があった場合には、期日外に採用して呼び出すことも可能なのではないかと思いますが。

D裁判官：そうですね。私も積極説です。この点においては、送付嘱託等の申出についても当てはまります。実務においても、交通事故の損害賠償請求事件等では、検察庁の関係資料を期日前に送付嘱託する例がありますからね。ところで、民訴法372条1項の規定に、証人の尋問は、宣誓をさせないですることができるとありますが、その理由は分かりますか？

B事務官：少額訴訟は、訴訟に関する知識経験の乏しい一般市民を利用者として想定しています。そのような一般市民にとって利用しやすく、分かりやすい手続とするためには、柔軟な審理方式を採用し、事件の内容や証人の都合などに応じて臨機応変に立証することができるようにすることが適当だと考えられたからです（法務省民事局参事官室編『一問一答新民事訴訟法』411頁）。

D裁判官：そうですね。要するに、少額訴訟では、当事者等が形式張らずに気軽に発言できるような柔軟な審理方式をとるということですね。しかし、事件の内容や当事者の所作言動等から、形式的な手続を踏むことによって偽証を牽制した方が適当であると判断された場合には、宣誓をさせるのが相当ということもあります。これは裁判官の訴訟指揮の問題と

いうことになりますが。それから、少額訴訟では、証人に対する電話会議装置による尋問の方法が認められていますが（民訴法372条3項）、この尋問手続で最も重要な点は、尋問すべき証人の確認方法と電話会議装置による尋問の相当性の判断でしょうね。例えば、会社側の証人が勤務の都合があるとして、勤務先である会社内で電話会議装置による尋問を希望したとしても、会社内において信用のおける証言が期待できるかどうかなどを慎重に判断して決定していくべきことになると思います。

C書記官：電話会議装置による尋問の手続としては、当事者は申出をする場合、通話先の電話番号及びその場所を明らかにしなければなりません（民訴規則226条2項）。それから通話料金は当事者負担になりますので、予納手続が必要になり、料金概算のために尋問時間の目安が必要になります。尋問内容が単純なものなら尋問時間の目安もつけやすいのでしょうが、尋問事項が多岐にわたる場合や複雑な事案の場合には反対尋問、補充尋問などの時間も読めませんので料金の概算が難しくなります。また文書の写しを送信して尋問する場合にはFAXを利用することができますので（民訴規則226条4項）、FAXの有無やFAXの番号なども必要になります。裁判官がおっしゃる電話会議装置による尋問での証言の信用性の問題とは別に事務手続の繁雑さは当事者にも負担になるような気がします。

B事務官：電話会議装置による尋問の手続を深く考えずに便利なものとだけ思っていましたが、いろいろ大変なのですね。ところで、少額訴訟では、よく一体型審理といわれますが、具体的にはどのような審理方法になるのでしょうか？

D裁判官：端的に言えば、主張と証拠調べの分離を考慮せずに審理を一体のものとして柔軟に行うということだと思います。当事者から事情を聴く場合も、証拠調べとして行う旨明確に告知してから事情を聴取するという方式を採らず、双方から事情を聴いて事実関係を解明するといった方法になりますので、審理の冒頭に当事者に対して、「この法廷で述べることは裁判をするうえでの資料（証拠）となります。」という趣旨の注意を与え、一方当事者から事情を聴いた場合には他の当事者に反論の機

会を与えるようにしているのが実務の取扱いです。

B事務官：一体型審理というのは、少額訴訟手続だけで行われているのでしょうか？

D裁判官：そうとも言い切れないですね。簡易裁判所では、訴訟手続に不慣れな一般市民による利用が多いので、通常訴訟でも一体型審理の方式による場合の方が真相解明に功を奏する場合がありますし、私自身も通常訴訟において一体型審理を行うことがあります。

C書記官：確かに当事者訴訟の場合には、一体型審理の方が分かりやすいし、当事者も自分の言い分を聴いてもらったという感覚が大きいようですね。

D裁判官：当事者の言い分をじっくり聴くという意味においては、司法委員の存在も大きいですね。司法統計によれば、平成20年度の全簡易裁判所の通常訴訟での司法委員関与があった事件数は8万2,828件ですから、既済事件総数53万7,626件の約15％に関与していることになり、それを少額訴訟でみた場合、司法委員関与があった事件数は9,211件で、既済事件総数は1万6,952件ですから約54％の関与率になっています。少額訴訟においては、司法委員の関与率がかなり高いといえますね。それから、認定司法書士の受任事件が多くなったことは司法統計上明確になっていますが、弁護士についても同じように、簡易裁判所の通常訴訟、少額訴訟ともに受任事件が多くなっています。Cさん、書記官からみた場合ですが、代理人が付いた場合と本人訴訟の場合とでなにか違いがありますか？

C書記官：事案の概要の把握や期日の打合せなどは、原告に代理人が付いた場合の方が本人訴訟よりもスムーズにいく場合が多いのですが、以前は、被告に弁護士等の代理人が付いた場合に、1回の審理期日で解決がつくような事案でも通常移行の申述をし、第1回弁論期日は答弁書の擬制陳述というパターンが多く、期日の空転が避けられなかったのですが、最近の傾向ですけど、被告側に代理人が付いても通常移行の申述をしないケースがかなり出てきたと感じているのですが、いかがでしょうか？

D裁判官：私もそのように感じています。以前は、被告側に代理人が付くと予定していた期日の時間配分が崩れ、他の事件にもそのしわ寄せがいっていましたから、通常移行の申述が少なくなるというのはなかなか良い傾向ですね。

C書記官：はい。少額訴訟の場合には、通常手続の訴訟と違って、審理時間というものを事案により定めて期日指定してありますので、期日が流れるともったいないというか、流れるのだったら他の事件が入れられたのにという感覚になりますし、原告側の都合もありますからね。最近では、弁護士さんも認定司法書士さんも少額訴訟手続というものに対する理解を深めてくれていると考えてもよろしいのでしょうか？

D裁判官：そのように理解しても良いような気がします。法廷での通常移行の申述を行うかどうかの意思確認においても、「少額訴訟のままで。」という代理人が多くなりましたから。

B事務官：話は変わりますが、受付窓口におりますと、最初から少額訴訟手続を念頭において申立ての相談に来られる方が多いように感じます。その意味でも少額訴訟は一般に浸透してきているとも言えるのでしょうか？

C書記官：相談の応対をしての感想ですが、インターネットによって情報を得たという人、消費者センターや労働基準監督署、各種法律相談などで、少額訴訟を勧められたという人が多いので、国民の間に少額訴訟が定着してきたと感じるのですが、全国的には、受理件数が増えていないというのが気になります。

D裁判官：確かに、東京を含む大きな簡易裁判所では受理件数が増加傾向にあるようですが、それ以外の簡易裁判所では増えていないようですね。それには様々な原因が考えられるのでしょうが、その検証作業はこれからの問題になりますね。それから、平成17年4月1日から実施された少額訴訟債権執行制度というのがありますね。東京簡裁の受理件数をみた場合、平成17年は89件だったのが、平成18年は208件、平成19年は265件、平成20年は328件、平成21年は396件というように増加の傾向にありますね。書記官としてはこちらの仕事もなかなか大変だと思います。C

さん、少額訴訟債権執行制度の概要を話してくれませんか？

C書記官：少額訴訟で債務名義を取得した債権者が、金銭債権に対する強制執行に限り、簡易裁判所において債権執行の手続を行うことができるという制度です。この制度は、軽微な事件を簡易迅速に解決するという簡易裁判所の特性を考慮して創設されたものですので、取り扱う債務名義を限定するとともに、債権者が転付命令等の換価手続を求めた場合や配当が必要となった場合等には、地方裁判所における通常の債権執行手続に移行させることとされています。もちろん、少額訴訟債権執行制度を利用できる場合であっても、地方裁判所における通常の債権執行手続も利用できます。

D裁判官：それでは、少額訴訟債権執行の申立てができる債務名義というのはどのようなものですか？

C書記官：民事執行法167条の2に規定されていますが、①少額訴訟における確定判決、②仮執行宣言を付した少額訴訟の判決、③少額訴訟における訴訟費用又は和解の費用の負担の額を定める裁判所書記官の処分、④少額訴訟における和解又は認諾の調書、⑤少額訴訟における民訴法275条の2第1項の規定による和解に代わる決定などです。

　この中で執行文が必要となるのは、③、④、⑤の債務名義です（民事執行法25条）。なお、通常手続に移行した事件の確定判決や和解調書については、地方裁判所での執行手続となります。

B事務官：窓口で時々どのようなものを差し押さえれば良いのですか？と聞かれることがありますが、具体的にはどのようなものがあるのですか？

C書記官：簡易裁判所で扱えるのは、預貯金債権、給料債権、賃料債権、敷金債権など対象債権の特定に問題の少ない定型的な金銭債権ですね。それ以外の債務者が持っている債権や不動産や動産などの財産を、強制執行手続によってお金に換えようとするのであれば、それぞれ押さえるべき財産によって、具体的な執行機関（債務者の住所地を管轄する地方裁判所や執行官など）が異なることがありますので、その執行機関に問い合わせてもらうのが良いと思います。

B事務官：銀行預金の差押えの場合、債務者の口座番号まで調べる必要はあ

るのですか？
C書記官：銀行預金の差押えの場合は、債務者が取引している銀行の支店名とその住所が分かれば、口座番号まで分からなくとも手続は可能です。
B事務官：それでは、申立てから取立までの手続の流れはどうなるのですか？
C書記官：申立て→差押処分→第三債務者へ送達→債務者へ送達→債権者へ送達通知→差押債権の存在→取立てという流れになります。金銭債権を差し押さえた債権者は、送達通知書に記載された債務者に対する差押処分の送達日から1週間を経過すると、第三債務者から債権の取立てをすることができるようになります（民事執行法155条、167条の14）。
B事務官：ありがとうございます。これで、少額訴訟債権執行手続の具体的な流れについて、窓口で自信をもって答えられるような気がします。
D裁判官：債権執行というのは、書記官の執務として大変なものがありますし、権限としても大きなものがありますので日々の研鑽が大切ですね。時間の関係もありますので、少額訴訟手続についてはこの程度にして、次回は簡易裁判所における和解というものについて勉強してみましょうか？

4 和解手続

日比谷公園にて

K司法書士：こんにちは！昼休みのお散歩ですか？

D裁判官：やっ！これはこれは、この間はお世話になりました。

K司法書士：とんでもない。こちらこそ有り難うございました。この間の講義は大変参考になりました。

D裁判官：お粗末な内容で申し訳ありませんでしたけど、こちらとしても司法書士の皆さんの考えや疑問点などを知ることができて大変勉強になりました。研修会には任意の参加ということでしたけれど、さすがに、参加されていた方々は熱心でしたね。

K司法書士：司法書士が簡裁の民事の代理権を与えられてからまだ年数も浅いので、訴訟代理人としてどのようにしたら良いのか悩むところが沢山あって、この間のような実務的なお話が実に良かったと役員の間からも話題に出ました。

D裁判官：こちらこそ。法廷ではそれぞれの司法書士代理人の方と接しますが、事件を通しての会話程度で終わってしまいますので、研修の場などで皆さんのご意見などを伺えることは有り難いことです。それに皆さんとお話できる機会は大切なことだと感じました。

K司法書士：ところで、こんなところで申し上げるのもなんですが、裁判官は講義の中で和解の効用ということをおっしゃっていましたね。研修生からですが、裁判上の和解というものをもう少し知りたいという要望がありました。和解についての解説の本は沢山あるのでしょうが……。

D裁判官：確かに和解についての解説本は沢山ありますね。読むことと同様に聴くことも大変参考になりますからね。和解の効用を少しでも知っていただいたのであれば嬉しいことです。

*

簡易裁判所の民事通常訴訟及び少額訴訟においては、裁判上の和解あ

るいは和解に代わる決定（民事訴訟法275条の2）での事案解決というケースは多く、ちなみに平成17年から平成21年までの全簡易裁判所の民事訴訟事件の既済事件総数に対する訴訟上の和解と和解に代わる決定を合わせた数での既済率をみた場合、通常訴訟では約30％前後で推移しており、少額訴訟では約40％前後で推移している。

　このように、簡易裁判所の実務においては、通常訴訟、少額訴訟共に和解が事件終了事由として大きな位置を占めていると言っても過言ではない。

＊

B事務官：和解というのは、民法の695条、696条に規定されていますが、ここにいう民法上の和解と裁判上の和解は違うのですね？

D裁判官：そうですね。民法上の和解というのは裁判外で締結される私人間の契約なので、裁判上の和解と区別されます。裁判上の和解に関する民事訴訟法及び民事訴訟規則上の規定としては、いわゆる訴訟上の和解として、法89条、264条、265条、267条、規則67条1項1号、163条、164条があり、訴え提起前の和解として、法275条、規則169条がありますね。

C書記官：訴訟上の和解には、当事者双方が口頭弁論期日に出頭して裁判官の面前で合意することが基本なのでしょうが、和解の成立を容易にするための方策として、書面による受諾和解（法264条、以下「受諾和解」という。）と裁判所が定める和解条項（法265条、以下「裁定和解」という。）がありますね。

D裁判官：そうですね。受諾和解の制度は、当事者双方に和解の意思があり、その内容も確認できるのに一方当事者の不出頭のみを理由に和解の成立を否定することは紛争解決の途を閉ざすことになるので、当事者の出頭を緩和して、和解の成立が妨げられるのを防ぐ制度として規定されたのですね。裁定和解の制度は、両当事者が和解条項に服する旨記載した共同の申立てを裁判所に提出すれば、裁判所は事件解決のために適当な和解条項を定めることができるという、この方策も和解の成立を容易にするためのものですね。

B事務官：受諾和解の場合の当事者が出頭困難と考えられるのはどのような場合がありますか？

D裁判官：当事者の一方が遠隔地に居住する場合のほか病気、入院、長期の出張、刑務所への収容などが考えられますね。Cさん、この受諾和解の手続はどのようになりますか？

C書記官：手続としては、裁判所が和解条項の案を書面で不出頭当事者に提示して、不出頭当事者がその和解案を受諾する旨の書面を提出し、相手方当事者が口頭弁論期日に出頭して和解条項案を受諾したときは、当事者間に和解が整ったものとみなされます。不出頭当事者の受諾は、書面によることが必要ですが、この書面は民事訴訟規則3条1項各号に当たらないので、ファクシミリで提出することもできます。裁判所は、受諾の真意を確認しなければなりません（民事訴訟規則163条2項）が、その確認方法は相当なもので足りるとされています。一般的には、当事者本人の場合は和解条項案と同時に送った受諾用紙書面に署名押印し、押印にかかる印鑑証明の提出を促し、弁護士や認定司法書士が代理人の場合には電話聴取書で真意の確認を行うなどの方法がとられています。

B事務官：和解条項案に受諾しない場合は、その旨申し立てをすればよろしいのでしょうが、基本的には受諾するけれども、条項案の一部だけを変更してもらいたいときはどうなるのでしょうか？

C書記官：その場合は、裁判所に条項案の変更を申し出ることになります。それに基づいて原告の意思確認などの手続が進められたうえ、裁判所から新たな条項案の提示がなされることになると思います。

B事務官：裁定和解という制度は、基本的には、和解勧試の過程において形成された裁判所と当事者との間の信頼関係に基づくものであると考えられているとのことですが（法務省民事局参事官室編『一問一答新民事訴訟法』312頁）、利用される率は多いのでしょうか？

D裁判官：簡易裁判所の実務においては、あまり利用されていないのではないでしょうか？受諾和解も利用率がかなり低いのですが、それは簡易裁判所においては和解に代わる決定の制度があるからだと思います。

B事務官：その和解に代わる決定のことを少し詳しく教えていただけないで

しょうか？

D裁判官：和解に代わる決定は、平成15年の民事訴訟法改正（平成15年7月16日法律108号）により、簡易裁判所の手続に関する特則として新たに設けられた規定です。平成10年1月1日施行の現民事訴訟法において、受諾和解と裁定和解の規定が新設されたのですが、簡易・迅速な手続が要求される簡易裁判所の実務においては、両規定の適用が馴染まず、依然として従来多用されていた民事調停法17条の調停に代わる決定（以下「17条決定」という。）による処理が多く行われていたこともあり、このような経緯と実情を考えて和解的解決を円滑に図ることを目的として和解に代わる決定の制度が導入されたようです（小野瀬厚＝武智克典編著『一問一答平成15年改正民事訴訟法』83頁）。

B事務官：法275条の2によれば、和解に代わる決定の要件として、第1に金銭の支払の請求を目的とする訴えであること、第2に被告が口頭弁論において原告の主張した事実を争わず、その他何らの防御方法を提出しないこと、第3に裁判所が被告の資力その他の事情を考慮して相当と認めるとき、第4に原告の意見を聴くこととありますが、第2の原告が主張する事実を被告が争えば絶対に和解に代わる決定はできないということになるのでしょうか？

D裁判官：和解に代わる決定ができるのは、原則として、被告が請求原因事実を認めるか、あるいは擬制自白（法159条）の場合に限られるのでしょうが、例えば、金銭請求に関して、金額の点についてだけ被告が争い、被告の主張する金額を認めてくれるのであれば、その金額を分割で支払いたいという場合のときに、原告が争いのある金額部分を減額して（被告の主張する金額を認めて）分割支払に応じるときは、当事者の争いのある部分は解消されたとして和解に代わる決定をする例もあります。その方が当事者の意思に合致するとも言えますので。

B事務官：口頭弁論期日に被告が出頭して原告が欠席した場合は、和解に代わる決定はできないのでしょうか？

D裁判官：実務では、原告が出頭して、被告が分割支払の額などを記載した答弁書を提出して欠席した場合が通常なのですが、原告がやむを得ず欠

席した場合でも、被告と分割についての内々の話し合いがなされていたことが原告の上申書などで認められる場合には、被告から事情を聴いたうえで和解に代わる決定がなされる例もないわけではありません。

C書記官：分割払いの期間についてですが、「5年を超えない範囲内において」と規定されていますが、被告が5年を超える分割払いを希望する答弁書の提出をして口頭弁論期日を欠席した場合などは和解に代わる決定はできなくなるという理解でよろしいのでしょうか？

D裁判官：難しい質問ですね。このような場合はできないという考えとできるという考えがありますね。できないという考えは条文を忠実に解釈する立場ですが、できるという立場の考えは、5年という期間は、債務者の経済的更正だけからではなく債権者側にも配慮して定められたものであり、裁判所が被告の資力その他の事情を考慮して、原告の意見を聴いて法定の期間内で分割払いの期間を定めるという性質のものなので、その期間内に特定の行為をしないと、以後その行為をすることができなくなるという失権やその他の不利益を受けるという上訴期間や即時抗告期間のような不変期間とは性質が異なり、5年を超えた期間の分割払いを内容とする決定もできると解しているようです。

C書記官：できないと考える立場はどのような処理をすることになるのでしょうか？

D裁判官：一括支払いの判決をすることもあるでしょうし、17条決定を考える場合もありますね。それから和解に代わる決定はしますが、「5年経過前の最終支払期日に残金を一括して支払う。」という条項にしたり、「最終支払期日に改めて残金の分割支払を協議する。」という条項にしたりする場合も考えられますね。

C書記官：積極説をとった方が、事後処理のことなどを含めて当事者の意思にも適うような気がしますが、条文に忠実に消極説をとる裁判官もいらっしゃるということですね。

D裁判官：それぞれの考えに基づいての判断ですから。しかし、消極説をとる裁判官も当事者の意思を大切にしていることは確かですね。

B事務官：少額訴訟の場合には、分割払判決の規定（法375条）があります

ね。少額訴訟では分割払判決と和解に代わる決定との関係はどうなのでしょうか？

D裁判官：確かに分割払判決と和解に代わる決定とは共通性がありますね。和解に代わる決定は、簡易裁判所の訴訟手続に関する特則として規定されていますので、少額訴訟手続にもこの特則が適用されます。分割払判決の分割支払の期間は3年となっていますので、3年を超える場合などには和解に代わる決定が有効に作用することになります。このような場合、通常手続に移行（法373条）させるかどうかの問題がありますが、実務の取扱いは、通常手続に移行させることなく、少額訴訟手続のまま和解に代わる決定をしているのではないでしょうか。また、3年以内の分割支払期間であっても、諸事情を勘案して、和解に代わる決定がなされている事例も少なくありません。

B事務官：この間電話での問い合わせがあったのですが、訴訟になっている建物の未払賃料請求に関して、「自分は賃貸借契約の保証人になっている。弁論期日には被告である賃借人は都合が悪く出席できないので、自分が出席して、賃貸人である原告と話し合って、自分も含めて支払関係を決めたいが、そういうことができるのか？」という質問でした。担当の書記官のお話ではこのような場合には、保証人に利害関係人となってもらって、利害関係人を加えた形での和解に代わる決定がなされる場合もあるということでしたが、そのような方法もあるのでしょうか？

D裁判官：金銭に関する支払であって、原告、被告の意思にも反しないというのであれば許されると思います。

C書記官：和解に代わる決定の要件に「裁判所が被告の資力その他の事情を考慮して相当と認めるとき」とありますが、被告が欠席の場合などはその判断が難しいと思うのですが、どういう基準で決定されているのでしょうか？

D裁判官：「被告の資力その他の事情」とは、被告の収入・支出の状況や生活状況、他の債務の有無や債務の総額、他からの経済的援助の有無などが考えられます。これらの判断資料は、被告が口頭弁論期日に出席していれば直接聴くことができますが、確かに欠席の場合には相当性の判断

に難しいものがありますね。実務の取扱いとしては、被告提出の答弁書に記載されている事情に基づき、原告から意見を聴いて判断しているのではないでしょうか。

B事務官：法275条の2第2項に「被告が支払を怠った場合における期限の利益の喪失についての定めをしなければならない。」とありますが、1回でも支払を怠れば期限の利益を喪失させるのでしょうか？

D裁判官：この規定は、分割支払によって支払が猶予されたにもかかわらず任意の支払を怠った被告に対して、期限の利益を付与する理由がないところから設けられた規定ですが、分割金の支払を何回怠ったら期限の利益を喪失させるかは、裁判所の裁量によることになります。実務では一般に2回程度の不履行で期限の利益を喪失させている例が多いようですが、分割回数が少ない場合や未払賃金請求の場合などには、1回の遅滞で喪失させる例もあります。

B事務官：和解に代わる決定は、決定の告知を受けた日から2週間以内に異議を申し立てるとその効力を失うとありますが、異議があった場合はその後の手続はどうなるのでしょうか？

D裁判官：和解に代わる決定をする際に、①弁論を終結して、判決言渡期日を追って指定にする場合と、②弁論を終結せずに、当該口頭弁論期日を続行し次回期日を追って指定にする場合があり、実務の運用は分かれているようです。Cさん、それぞれの場合のその後の手続の流れはどうなりますか？

C書記官：①の弁論を終結した場合には、弁論を再開せず異議申立後直ちに判決ができるという利点がありますが、再度審理をする場合には弁論の再開決定をしたうえで、口頭弁論期日を指定することになります。②の次回期日が追って指定の場合には、単に口頭弁論期日を指定して当事者を呼び出すことになると思います。

D裁判官：和解に代わる決定の効力は、裁判上の和解と同一の効力を有する（法275条の2第5項）ことになりますが、まず和解の効用というものについて考えてみましょう。和解と判決を比べた場合の利点として考えられるのはどういう点でしょうか？

C書記官：和解は当事者の互譲による自主的な紛争解決ですから、被告側からの任意の履行が望めるということでしょうか？判決の場合は、給付の内容や条件が同じであっても、当事者の主観的事情、その納得の有無、履行の可能性を考慮しませんので、当事者が納得して履行可能の限度で合意した和解とでは異なると思います。

D裁判官：そうですね。判決によれば、白黒決着をつけられることにより当事者間にしこりが残る場合がありますが、和解にはそのしこりを軽減させる作用がありますね。それから、これも和解の大きな効用ですが、判決の場合は当事者が求めた請求権（訴訟物）が存否の対象になるだけですが、和解では当事者の合意によって、訴訟物以外の請求権も対象とすることができます。また、和解には補助参加人や証人、それまで訴訟に関与していなかった保証人や当事者の親族などの第三者も利害関係人として和解に関与することができ、当事者と第三者との関係でも紛争解決に寄与することができますね。

B事務官：簡易裁判所の和解においては、司法委員の先生の関与も大きいのでしょうね？

D裁判官：そのとおりです。法279条は司法委員に関する規定ですが、その第1項に「裁判所は、必要があると認めるときは、和解を試みるについて司法委員に補助させ」とありますが、簡易裁判所の実務においては、司法委員はなくてはならない大きな存在です。司法委員の関与により一般の良識やあるいは専門的、職業的な経験知識を反映させられることも和解の効用の一環でしょうね。

B事務官：和解の短所や欠点として考えられる点はないのでしょうか？

D裁判官：そうですね。各民事訴訟法の基本書には、次の著書と共通するような説明がなされているようですので、3点だけ紹介しておきましょう。

　　――伊藤眞著『民事訴訟法［第3版3訂版］』434頁、「和解の長所に対して、特に当事者代理人の側からは以下のような批判がなされる。第1に、判決による解決に長時間を要することを理由とした和解勧試は好ましいことではなく、和解勧試は、条理と実情に即した解決

を目的とすべきであるという。第2に、裁判所が事案の概要や争点を把握しないまま行う和解勧試は、条理と実情に即したものといえないから、当事者双方が特に早期の和解を望むような場合は別として、裁判所としては、争点整理が進行または終了した段階での和解勧試が望ましいという。第3に、和解案の前提となっている裁判所の心証を開示せず、また交互面接方式によってそれぞれの当事者に異なった心証を示すような慣行は好ましくないという。第4に、一方または双方の当事者が和解に応じない意思を明らかにしているのに、裁判所が和解期日を繰り返し、かえって訴訟を遅延させる場合があるという。」

——新堂幸司著『新民事訴訟法［第3版］』341頁、「和解の試みを広く許しているのは、その成立によって、当事者は自主的に円満な解決をうることになるし、裁判所にとっては負担軽減となるからであるが、事件が裁判に熟し、当事者も裁判を求めているのに和解万能の思想から、強引に和解を進め、いたずらに和解期日をくり返して判決を事実上引き延ばすことは、裁判の拒否になりかねないことに留意しなければならない。」

——中野貞一郎ほか編『新民事訴訟法講義［第2版補訂版］』中の河野正憲著「当事者の行為による訴訟終了」395頁、「裁判上の和解にも次のような欠点ないし短所が指摘されている。第1に、訴訟上の和解の場合には、当事者の正当な権利主張が貫徹されない懸念が存在する。第2に、訴訟上の和解については、既判力が生じないというのが一般の理解であるが、そうするといったん解決したはずの紛争が蒸し返されるおそれがある、などの点が挙げられている。しかし、このような和解の欠点とされるものは決定的ではない。第1の点も、当事者の権利主張は自己目的的なものではない。和解により十分な納得のいく解決が得られたのであれば、この点は全く問題はない。また第2の点も、和解による解決についても当事者の自律的な意思決定によって決断した結果であり、当然にその結果として拘束力を受けるのだから、問題は和解に至る方法にあり、できる限り

疑問を将来に残さない解決策を提示しうるのか否かにかかるものである。」

C書記官：共通していることは、裁判所による押しつけ和解は良くないということのようですが？

D裁判官：そうですね。和解の効用として、判決と比べて任意履行の可能性の高さや当事者の自主的な紛争解決及び紛争解決の妥当性と迅速性などがあげられますが、判決による紛争解決を望む当事者の意思は無視できないので、裁判所が和解案の方が紛争の実情に即した解決につながると信じた場合であっても、和解を押しつけるわけにはいかないということですね。

B事務官：訴訟上の和解ができない事案があると思うのですが？

D裁判官：訴訟上の和解ができる範囲については、法律上の制限はないようですが、人事訴訟、行政訴訟、株主の代表訴訟や株主総会決議取消又は無効の訴えなどの会社関係訴訟、執行文付与や請求異議の訴えなどの執行関係訴訟、共有物分割請求の訴え、境界確定の訴え、保全訴訟などのように裁判によって法律状態を直接発生、変更、消滅させることを目的とする訴訟は和解に親しまないとされています。

C書記官：和解は当事者の互譲によるわけですが、当事者一方のみが全面的に譲歩するものはどうなのでしょうか？

D裁判官：このような場合は互譲とはいえないので、和解ではなく、請求の放棄、認諾ということになると思います。ただし、互譲の程度については、訴訟物に代えて新たな権利関係を創設してもよいし、当事者が互譲の方法として、係争物に関係のない物の給付義務を負担し、あるいは別個の権利関係を加えた場合などにも互譲にあたると広く解されています。

B事務官：合意された和解が有効であるためには、第1に合意の内容が実現可能であること、第2に合意の内容が確定していること、第3に合意の内容が適法なこと、第4に合意の内容が社会的妥当性のあること、ということですよね？

D裁判官：勉強していますね。社会的妥当性のあることというのは、言葉を

換えていえば公序良俗に反しないものであることを要するということなのでしょうね。

B事務官：それから、訴訟上の和解の性質については、①私法行為説、②訴訟行為説、③併存説、④両性説があるということを記憶しています。ところで、和解の基礎となる当事者の意思表示に瑕疵があった場合の救済方法としての和解調書の効力を争う手続を教えてください。

D裁判官：和解に既判力を認める立場と認めない立場では、理論上救済を求める手段等に差異が生じるのでしょうが、実務の取扱いとしては、和解の瑕疵を理由とする前訴の期日指定申立てを認めていますし、和解無効確認の訴えや請求異議の訴え（民執法35条）の別訴提起も認めていますので、既判力の有無にこだわらなくともよいと思います。Cさん、これらの訴えの管轄裁判所はどうなりますか？

C書記官：請求異議の訴えの管轄裁判所は、訴額が140万円以下の場合は、その和解をした簡易裁判所、140万円を超えるときは、その簡易裁判所の所在地を管轄する地方裁判所の管轄に属する（民執法35条3項、33条2項）ことになります。和解無効の訴えの管轄裁判所は、管轄の定めがないので、一般原則に従って事物管轄及び土地管轄の規定が適用されることになると思います。

D裁判官：請求異議の訴えを起こしても、和解調書が存在する限りはこれを債務名義として強制執行を受けることも考えられますね。このような場合には、請求異議の訴えを提起するほかに強制執行停止決定を求める申立て（民執法36条、39条1項7号）をするのが良いのでしょうね。ところで、裁判上の和解といわれるものには、訴訟上の和解のほかに法275条の訴え提起前の和解がありますが、こちらはいずれかの機会に勉強しましょう。次回の勉強会について、Bさんから希望が述べられていましたね。

B事務官：和解の勉強をしましたので、当事者の合意の形成という点においては共通する調停制度の手続について理解を深めたいと思っています。

C書記官：調停前の措置や民事執行手続の停止などの調停事件の附属事件の処理についても触れていただければ有り難いです。

D裁判官：それでは次回は民事調停手続ということにしましょう。

5　民事調停手続（その1）

1　人間が社会生活を営むうえで、多かれ少なかれトラブルが生じることはやむを得ないことである。そのトラブルを当事者同士で解決できればさほど問題は生じないのだろうが、現実には解決できない場合が多く、こうした状態をそのままにしておけば、力と力の闘いになってしまうおそれが大きい。そこで近代国家は自力救済を禁じて、国家機関（裁判所）による紛争解決の制度を設けたという歴史的経過がある。

2　民事紛争を解決するための代表的な制度としては民事訴訟手続が存在する。民事訴訟手続は、民事に関する事件を、法の適用により強制的に解決する制度であり、社会秩序の維持に役立っている。しかし、民事訴訟手続を紛争解決の唯一の公的手段とはせずに、自主的解決に近い制度が考えられ、調停制度もその一環として設けられたものとされている（参考・石川明＝梶村太市編『注解民事調停法』3頁以下）。

　我が国の実定法としての調停は、大正11年の借地借家調停法の制定により始まったといわれている。この借地借家調停法の成立により、初めて調停制度が確立されて今日の基礎となり、続いて大正13年に小作調停法、大正15年に商事調停法、昭和7年に経済恐慌を打開する一方策として金銭債務臨時調停法が制定され、昭和14年に人事調停法、同年に鉱業法の一部改正により鉱害賠償の調停に関する規定が創設された。このように民事の紛争の調停は、事件の種類に応じ、別の法律に基づいて行われていたが、昭和26年制定の現民事調停法（以下「民調法」という。）により、これまで存在した個々の調停法が統合され、調停手続が訴訟手続と同等で並立する一般的な民事紛争処理制度として初めて認知されたものであるといわれている。

3　平成12年2月17日施行の特定債務等の調整の促進のための特定調停に関する法律（以下「特調法」という。）は、当時の社会的情勢に鑑み、支払不

能に陥るおそれのある債務者等が負っている金銭債務に関する利害関係の調整を民事調停手続で行うこととして、債務者等の経済的再生を図るために、民事調停法の特例として定められたものである。

4　特定調停を含めた民事調停の全国の簡易裁判所の合計受理件数

平成14年	平成15年	平成16年	平成17年	平成18年
487,943件	613,260件	439,173件	321,383件	302,528件
平成19年	平成20年	平成21年	平成22年	平成23年
254,013件	148,242件	105,637件	79,535件	63,009件

　平成13年に36万5,204件だった受理件数が、平成14年には約12万件も大幅に増加したところであるが、そこでピークを迎えたわけではなく、平成15年には爆発的な受理件数となっている。そして、平成15年をピークにして受理件数は減少傾向にあり、平成19年には特調法施行前の平成11年（受理件数26万1,443件）よりも少ない受理件数となり、平成22年、23年と減少傾向に歯止めがかからない状態となっている。特定調停だけの受理件数をみてみると平成15年には53万7,071件だったのが、平成21年には5万6,004件となり、約10分の1の受理件数となっている。平成22年にはさらに減り2万8,229件、平成23年には1万1,382件となっている。ちなみに、少額訴訟事件を除く民事通常訴訟事件の受理件数は、平成11年は30万2,690件だったが、そこから増加の一途を辿り、平成21年には65万8,227件となり、2倍以上の受理件数となっている。平成22年の受理件数は58万5,594件、平成23年度は52万2,639件となり、平成21年から減少傾向が見られる。

＊

D裁判官：江戸時代には「内済(ないさい)」という制度があったようですね。これは江戸幕府の訴訟手続に関連する調停的・和解的解決制度で、扱人(あつかいにん)と呼ばれる第三者が介在して訴訟当事者をあっせんし和解示談の成立に尽力するというものです。それから、明治時代になり「勧解(かんかい)」というものが制度化されたようです。「勧解」とは、和解を奨励するという意味で、裁判所によって行われた和解のことをいうようです。明治時代、司法制度は充分に近代化されていなかったので、江戸時代に行われていた「内

済」の伝統を引き継いで、裁判所は、当事者に対して和解を勧め、和解を勧めることが裁判官の重要な任務であったともいわれています。ところで、「内済」や「勧解」と現在の「調停」との間に理念における繋がりがあるかどうかについては、いろんな考えがあるようですが、小山昇先生は、積極的に考える立場をとっていますね（同人著『民事調停法［新版］』8頁）。調停の歴史を調べてみるのも面白いでしょうね。現民調法は、これまで存在した個々の調停法を統合する形で昭和26年に制定されましたが、今回は、民調法の基本構造や理念、手続の流れなどをおさらいしていきましょう。

B事務官：民事調停（以下「調停」という。）は、調停主任（裁判官または民事調停官）と一般人から選ばれた民事調停委員で構成された調停委員会が合意をあっせんし、当事者の話し合いによって紛争の解決を図る手続とされていますが、調停の特徴というものはどういった点にあるのでしょうか？

D裁判官：第1の特徴としては、紛争の実情に即した柔軟で妥当な解決が図れるということでしょうか。調停は、双方が納得するまで話し合うことが基本ですし、調停委員会が、当事者の言い分を聴き、必要があれば事実も調べ、法律的な評価をもとに条理に基づいて歩み寄りを促し、当事者も、訴訟ほどには手続が厳格でないため、法律的な制約にとらわれずに自由に言い分を述べ合うことができるので、紛争の実情にあった円満な解決が図れるということがいえます。第2に専門的な知識や社会生活上の豊富な知識経験を持つ人の中から選ばれた調停委員が関与することですね。第3に訴訟と比較して、手続が簡単で費用も低額ということでしょうか。第4に調停は非公開ですので、秘密が守られるという特徴がありますし、第5に調停が成立した場合は、合意の内容を記載した調停調書は裁判上の和解と同一の効力を持つことがあげられます（民調法16条、なお民訴法267条）。それから、訴訟と比較してもう一つ大きな特徴がありますが、Cさん、どういう点でしょうか？

C書記官：調停は全体的な紛争の解決が図れることも大きな特徴だと思います。訴訟では、原告が取り上げている権利義務についての判断が示され

ることになりますので、必ずしも紛争の全面的解決につながるとは限りませんが、調停では、合意に向けて当事者同士が直接話し合うことによって手続が進んでいきますので、単に経済的な利害の調節だけでなく、双方の人間関係を調整するという目的をも同時に達成することができるといわれています。

D裁判官：そうですね。民事の紛争は、必ずしも法的な利害あるいは経済的な利害の対立だけから生じるものではないので、当事者同士の感情的対立が解消されれば、紛争の方も急転直下解決してしまうことも稀ではありませんからね。

B事務官：私も、感覚的に、調停は、「申立の趣旨」に沿った話し合いがなされるのは当然ですが、話し合いの中で、当事者間のわだかまりや誤解などが解消され、「申立の趣旨」の裏の事情なども解決に導けるので、国民感情に合った制度なのかな？と思っています。そういう意味では、近隣紛争などは、まさしく調停による解決が最適なような気がします。

D裁判官：Bさんの思っているとおりだと思います。国民の間にもう少し調停制度を知ってもらう機会があってもいいですね。かなり前の話になりますが、I県にあるO警察署で、民事手続一般の話をさせていただいたことがありました。その時に、市民と密着する課の警察官や交番勤務の警察官から調停に対する質問が多くありました。警察の民事不介入の原則がありますが、警察に対して、民事のトラブル、特に近隣関係の相談が多くあるので、知識の一つとして調停の手続などを知りたいという内容でした。警察官に、市民紛争に関する調停制度の手続や流れを相談者にアドバイスしていただくことは有り難いことですね。

C書記官：国民の方には、調停の申立ては、簡単にできるし、調停ならではの特徴を備えているということを知っていただくということは大切なことだと私も思います。

D裁判官：ところで、調停手続の本質については、調停委員会が関与する点を重視する「調停裁判説」と当事者の自由意思による解決を重視する「調停合意（あっせん）説」がありますね。この両説の考えは、今後も深く論議されていくものと思いますが、実務の取扱いとしては、これら

の学説の動向を踏まえて、よりよき調停を実践していくことに努力を怠ってはならないことだと思います。なお、調停手続の本質及び調停の機能・存在理由についての詳しい説明については、梶村太市＝深沢利一著『[新版] 和解・調停の実務』136頁以下を参照してください。

B事務官：分かりました。ところで、話は変わりますが、受付窓口で、「少額訴訟と調停ではどこが違うのか？ どちらが早く解決できるのか？」という質問が時々あります。少額訴訟はあくまでも訴訟ですから、訴訟と調停の一般的な違いを説明しますが、どちらが早く解決できるのかという質問には答えにくいものがあります。一応は「事案によります。」と答えていますが……。

C書記官：調停のうたい文句は、「事件の適正かつ迅速な処理」ということですし、少額訴訟は一期日審理が原則ですからね。

D裁判官：どちらが早期に解決するのかについての問題は難しいところですね。結論から言えば、Bさんの回答のように「事案によって。」ということになりますね。少額訴訟の場合は、一期日審理の原則といっても、相手方が通常移行の申述をした場合には、通常訴訟となりますし、かといって、通常訴訟であっても簡易裁判所の審理は簡易・迅速をモットーとしていますからね。調停手続も訴訟手続も簡易裁判所においては、一般市民が考えているほど結論を得るのに時間がかかるわけではないので、この点は強調してもよろしいのでしょうね。調停の場合は、当事者の話し合いによる解決を目指すものですから、訴訟のような厳格な主張立証責任にとらわれず、簡単に申立てができるという意味で、当事者には馴染みやすい手続であることは確かですね。

B事務官：民事訴訟でいう要件事実によって割り切れない、ドロドロというか、曖昧模糊としたというか、そのような事件や感情的になってしまった事件などは調停向きということになりますね。感情のもつれなどを解いていくことも調停の目的になりますから、早期解決ばかりに目を奪われてはいけないのですね。

C書記官：Bさんの着眼点は的を射ていますね。過去に経験した事案ですが、隣人同士の紛争で、隣の家の木の枝が伸び過ぎて、日陰になり日中でも

電気を点けなければならなくなったし、落ち葉が自宅の屋根に落ちてきて雨樋が詰まる被害にあった。敷地内に落ちてくる落ち葉の量も膨大で毎日の掃除が大変だ。毛虫の被害もあるので、損害賠償を請求するという訴訟の申立てがありました。このような事案はまさしく調停による解決が最適だと思いました。

D裁判官：そう言えますね。近隣者間の紛争は、権利関係の争いというよりも、人間関係の争いが大きな比重を占めていることがあります。訴訟では、権利関係は法的に解決できても、人間関係までは解決できないことが多いですので、そのようなことを含めて解決しようとする方法としては、調停が最もふさわしい制度といえるでしょうね。ただし、親族又はこれに準ずる者という一定の身分関係がある者同士の紛争を内容とするものや人間関係調整の余地があるものなど、民事調停と家事調停の管轄が競合するような場合は、受付相談の段階で、必要があれば家庭裁判所の家事相談に行くことを勧めることも考えられますね。それでは、Bさん、調停の種類をあげてみてください。

B事務官：まず①民事一般調停（民調法2条）があります。この調停は次の②から⑦を除く一切の民事紛争に関する調停です。民調法には次の種類の調停が規定されています。②宅地建物調停（民調法24条）、③農事調停（民調法25条）、④商事調停（民調法31条）、⑤鉱害調停（民調法32条）、⑥交通調停（民調法33条の2）、⑦公害等調停（民調法33条の3）。それから、民調法によるものではありませんが、特調法に基づく⑧特定調停があります。

D裁判官：②宅地建物調停は、宅地又は建物の貸借、借賃等の増額請求その他の利用関係の紛争に関する事件を扱いますね。③農事調停は、農地又は農業経営に付随する土地、建物その他の農業用資産の貸借、その他の利用関係の紛争に関する事件を、④商事調停は、紛争の内容が商法の適用を受ける事項、例えば、商行為における売掛代金、請負代金、運送代金などの請求や商行為によって生じた各種の損害賠償請求などの事件を扱います。⑤鉱害調停は、鉱業法に定める鉱害の賠償に関する事件を、⑥交通調停は、自動車の運行によって人の生命又は身体が害された場合

における損害賠償の紛争に関する事件を扱います。交通事故でも、物的損害だけの紛争は民事一般調停に属することになりますね。⑦公害等調停は、事業活動その他の人の活動に伴って生じる相当広範囲にわたる大気の汚染、水質の汚濁、騒音、振動等による人の健康又は生活環境に対する被害、あるいは建築等に伴う日照、通風等の阻害、工事等に伴う騒音、振動、地盤沈下等による生活利益の侵害により生じる被害に係る紛争事件を扱うことになります。ところで、Cさん、各種調停事件の管轄を表にしてみてください。

C書記官：次のような表になります。

種類	原則規定	特別規定	合意管轄
民事一般調停（ノ）	相手方の住所地の簡裁（3）		地裁又は簡裁（3）
宅地建物調停（ユ）		紛争の目的物の所在地の簡裁（24）	紛争の目的物の所在地の地裁（24）
農事調停（セ）		紛争の目的物の所在地の地裁（26）	紛争の目的物の所在地の簡裁（26）
商事調停（メ）	相手方の住所地の簡裁（3）		地裁又は簡裁（3）
鉱業調停（ス）		損害の発生地の地裁（32）	なし
交通調停（交）	相手方の住所地の簡裁（3、33の2）	損害賠償を請求する者の住所地等の簡裁（33の2）	地裁又は簡裁（3、33の2）
公害等調停（公）	相手方の住所地の簡裁（3、33の3）	損害の発生地又は損害が発生するおそれのある地の簡裁（3、33の3）	地裁又は簡裁（3、33の3）
特定調停（特ノ）	相手方の住所地の簡裁（特調法22、民調法3）		地裁又は簡裁（民調法3）

（注）（　）内の数字は民調法の条文

B事務官：民事の調停は簡易裁判所ばかりではなく、地方裁判所でも行われているということですよね？

C書記官：そうですよね。現に東京地方裁判所には「調停部」という組織が

存在しますからね。ちなみに、東京簡易裁判所の調停を専門に扱う調停係は「民事第6室」という名称で墨田庁舎にありますね。ところで、裁判官は農事調停を何件か経験されておられるということですが、農事調停では小作官又は小作主事の立会は不可欠なのですね？

D裁判官：そうですね。農事調停の申立てがあれば、必ず小作官又は小作主事に調停期日の連絡をします。調停委員会は、小作官又は小作主事の意見を聞かなければなりませんし（民調法28条）、小作官又は小作主事は、調停期日に出席し又は期日外において、調停委員会に対して意見を述べることができる（民調法27条）ことになっています。これらの規定は、農地法との関係からも重要なものとなっています。つまり、農地又は採草放牧地について所有権を移転し、又は地上権、永小作権、質権、使用貸借による権利、賃借権若しくはその他の使用及び収益を目的とする権利を設定し、若しくは移転する場合には、農業委員会等の許可を受ける必要がありますが、農事調停による農地等の権利移動については、農地法上の許可手続の制約が除かれています（農地法3条1項10号）。これは、農事調停の過程において、小作官又は小作主事が調停に参加して意見を述べることによって、農地行政上の意見が反映され、農地法の趣旨に沿った調停が行われるという意味があるからですね。

C書記官：農事調停においては、小作官又は小作主事への通知の他に特に気をつけなければならないことがあるのでしょうか？

D裁判官：調停の手続としては、他の調停事件と変わりありませんが、実務の扱いとしては、調停委員には農地法や農業問題に詳しい委員を指定するように心掛けているのではないでしょうか。

B事務官：調停委員のことになりますが、調停委員の身分関係など少し詳しく説明していただけませんか？

C書記官：それでは私から。調停委員は非常勤の裁判所職員であって、特別職の国家公務員ということになっていますので、一般的には私たち裁判所職員と同様に国家公務員法の準用を受けることになります。ただ、非常勤ですので、常勤の裁判所職員とはやや異なった取扱いを受けることがあります。その一つは、経済的活動についてですが、私企業からの隔

離に関する規定（国家公務員法103条）や他の企業又は事務への関与の制限に関する規定（同法104条）の準用を受けないこととされています。それから、政治的活動についてですが、調停委員には、裁判所の非常勤職員の政治的行為制限の特例に関する規則によって、国家公務員法102条（政治的行為の制限）は適用されないものとされています。ただし、国家公務員は、常勤、非常勤を問わず、地位利用による選挙活動は禁止されています（公職選挙法136条の2）し、調停の場においてその公正さに疑念を持たれるおそれのある政治的行動をとることは厳に慎むべき職務上の義務はあります。例えば、ある政治団体のシンボルマークを付けたまま調停に臨むというような行為は、調停の公正さを疑わせるおそれがあるといえると思います。調停委員は、弁護士となる資格を有する者、民事紛争の解決に有用な専門的知識経験を有する者で、人格識見の高い年齢40歳以上70歳未満の人から最高裁判所が任命します（調停委員規則1条）。任期は2年となっています（調停委員規則3条）。その他、欠格事由や所属裁判所のこと、旅費、日当等の支給のことなどは調停委員規則に定められています。

B事務官：調停事件には調停委員、訴訟事件には司法委員が関与しますが、調停委員と司法委員は、身分などの点においてどこが違うのでしょうか？

C書記官：司法委員制度は、調停手続に関与する調停委員と同様に国民の司法参加の一形態と位置づけられています。司法委員の身分は、非常勤の裁判所職員（国家公務員）となりますが、調停委員のように特定の事件を担当していると否とを問わず常に国家公務員たる身分を有するわけではなく、裁判官から特定の事件の指定を受けることによって、国家公務員としての司法委員の身分を取得し、その事件が終了すると同時に司法委員の身分を失うことになります。ですから、事件指定を受ける前は、「司法委員となるべき者」あるいは「司法委員候補者」となります。それから、調停委員と司法委員の職務についてですが、裁判所による円満な解決のために、その知識や経験、良識を反映させるという点では似ていますが、調停委員は、調停委員会のメンバーとして手続に関与するの

に対し、司法委員は、裁判官の補助者的な立場で訴訟手続に関与するという点において両者の違いがあります。なお、司法委員に関しては、民事訴訟法279条及び司法委員規則に定められています。

B事務官：分かりました。それから、民事調停官という制度もありますね？

D裁判官：民事調停官制度は、民調法の改正（平成15年法128号）によって定められ、平成16年1月からスタートしました。民事調停官の事については、民調法23条の2ないし4まで、及び民調規則27条、民事調停官及び家事調停官規則に規定されていますが、弁護士で5年以上その職にあった人から最高裁判所が任命すること、任期は2年であること、非常勤であること、調停事件を扱うにあたっては、独立した権限を有することなどが定められています。調停事件に関する権限としては裁判官と同じと理解してください。私がY簡易裁判所に勤務しているときに、民事調停官制度が発足し、そのときはお2人の民事調停官とご一緒に仕事をさせていただきました。民事調停官はすべての簡易裁判所に配置されている訳ではなく、現時点では、東京、大阪、名古屋、広島、福岡、仙台、札幌、高松、横浜、さいたま、千葉、京都、神戸、川崎、堺、小倉などの規模の大きな簡易裁判所に配置されています。

B事務官：非常勤ですから毎日勤務しているということではないのですね？

D裁判官：そうです。弁護士という職業が主ですし、ほとんどの民事調停官は週1日勤務というのが実情ではないでしょうか。

B事務官：ところで、調停委員会は、調停主任（裁判官、調停官）と通常2名の調停委員によって構成されますが、調停委員会に与えられている権限はどのようなものがありますか？

D裁判官：まず、調停期日の指定と事件関係人の呼び出し（民調規則7条）がありますね。それから、利害関係人の参加の許可、不許可を決めること（民調法11条）、弁護士、認定司法書士以外の代理人又は補佐人の許可及びその取消（民調規則8条2項、3項）、調停前の措置の決定（民調法12条）などがあり、調停をしない措置（民調法13条）、調停不成立（民調法14条）を決めるのも調停委員会の権限になります。

C書記官：調停委員個別の権限はないのでしょうか？

D裁判官：個別の権限といって良いのかどうか分かりませんが、調停委員会から命ぜられた場合の調停委員による事実の調査（民調規則12条3項）がありますね。事実の調査の例としては、現地の実況検分などがありますが、特に、当該事件について専門的な知識経験を備えた調停委員が指定されている場合には、必要資料の収集などの点で事実の調査は大いに活用されています。ところで、Cさん、調停の流れについて図示してみてください。

C書記官：簡単な図式は次のとおりになります。

調停の申立て→調停委員会の組織→期日指定→期日の実施→
事情聴取→（事実の調査・証拠調べ）→評議・調停案の提示・説得
→☆合意成立→調停成立
→★合意不成立→調停打切り→訴訟（申立人の訴えによる）

D裁判官：調停の流れの大筋はCさんの図式のようになりますが、期日を実施する場合において、特に考慮すべき点はないでしょうか？

C書記官：調停の場合は、代理人がついていても本人出頭が原則（民調規則8条1項）ですので、本人が出頭できないやむを得ない場合を除き、代理人には本人同行をお願いしているのが実務の実情です。調停は、当事者双方から直接事情を聴取することによって、事件の実情を深く把握することもできるし、当事者の互譲によって紛争の解決を図るという点から、事案にもよりますが、本人の調停出席は不可欠なものと考えられています。

D裁判官：そうですね。調停期日が実施されて、当事者双方の合意がなされて調停成立となれば、調停の目的は達成されたことになるわけですが、ここで、調停の終了事由について軽くおさらいしておきましょう。民調法上どのような終了事由がありますか？

B事務官：①調停の成立（民調法16条）、②不成立（民調法14条）、③調停をしない措置（民調法13条）、④調停に代わる決定（民調法17条）、⑤調停条項の裁定（民調法24条の3、31条、33条）、⑥調停申立ての取り下げ、⑦調

停申立てを却下する裁判が終了事由として挙げられます。

D裁判官：そうですね。⑦の却下の裁判は、手数料を納めないなどの理由で申立て自体が不適法とされた場合ですが、めったにありませんね。Cさん、②の調停不成立の場合の目安としてどのような事由が考えられますか？

C書記官：次のような場合が考えられると思います。

　ア　当事者双方の主張が根本的に対立し、全く平行線のままでお互いに譲歩の可能性を見いだすことができない場合

　イ　当事者間に合意が成立しても、その合意内容が違法又は不相当であって、具体的妥当な解決と認められず、当事者としても再考の余地がない場合

　ウ　何度も呼出しをするなど出頭確保のための手段を尽くしたにもかかわらず、当事者の一方が調停期日に出頭しない場合。ただし、申立人が不出頭であれば、調停をしない措置として事件を終了させる場合もあるようです。

　エ　当事者に調停成立に向けての誠意が認められず、その対応が事件の引き延ばしを図ることを目的として認められる場合

　オ　当事者が調停事件と関係のない紛争の同時解決を要求する場合において、その紛争をも調停の対象にすると調停の成立が著しく遅延するおそれがある場合

D裁判官：それでは、③の「調停をしない措置」というのは、具体的にはどういう場合が考えられますか？

C書記官：この場合は、ア「性質上調停に適しない場合」と、イ「当事者が不当な目的でみだりに調停の申立てをしたと認められる場合」が考えられます。アの場合の例としては、(ア)麻雀の賭け金の請求とか裏口入学のあっせんなどの報酬を求める請求などの法令で禁じられ又は公序良俗に反する事柄の請求をする場合、(イ)税金の減額や免除を求める申立てなどのその行為が法律上義務づけられていて性質上当事者が譲り合う余地がないような場合が考えられます。イの場合の例としては、(ア)自己になんら権利、理由もないのに、不当に他人の法律関係に介入することを目的

としてなされた申立て、(イ)自己の義務の履行を不当に回避し、あるいは訴訟の引き延ばしや執行の回避を目的とする申立てなどが考えられます。

D裁判官：Cさんが挙げてくれたような理由で調停をしない措置を行うことは実務上みられることです。調停をしない措置は裁判ではないので、当事者から不服の申立てはできませんね。また、調停をしない措置がとられたときは、出頭しない当事者に対し、遅滞なく事件が終了した旨を通知することになります。ところで、今日は時間の関係もありますので、ここまでにして、次回は、調停に代わる決定や調停条項の裁定制度、調停成立後に効力を争う方法や特定調停制度、調停前の措置と民事執行手続の停止などについて勉強しましょう。

6 民事調停手続（その2）

D裁判官：前回に引き続いて調停手続の勉強会となりますが、まず、調停の終了事由の一つとしての民調法17条に規定されている「調停に代わる決定」から始めましょう。Bさん、「調停に代わる決定」とはどういうものですか？

B事務官：当事者の合意による調停が成立する見込みがなく、本決定をするのが相当であると認められる場合が要件となっています。つまり、調停委員会の調停において、当事者間の合意が大筋においては一致しますが、部分的に不一致となる場合、調停が不成立に終わることになればかえって将来に紛争を残すことになるので、当事者の合意に代えて、当事者双方のため一切の事情を斟酌して、決定をもって事件の解決を図ろうとする制度です。

D裁判官：調停事件の内容によっては調停に代わる決定に馴染む事案と馴染まない事案がありますが、この決定が多く活用されている事件の類型としては、債務弁済協定、貸金、立替金、求償金、賃料改定等が考えられます。しかし、実務の運用としては必ずしも事件の類型にこだわらずに、むしろ調停の経過、紛争の態様等から決定の当否を判断していると理解してください。決定を出すのは調停主任ということになりますが、調停委員会に意見を求めて（十分に協議をして）、決定を出すのかどうかを判断しているのは当然のことですね。ところで、Cさん、「調停に代わる決定」を出すことの一応の目安として考えられる場合がありますが、どのような場合でしょうか？

C書記官：決定を考慮すべき目安としては、次のようなことが考えられているようです（裁判所職員総合研修所監修『民事実務講義案Ⅲ［4訂版］』216頁）。

① 当事者が調停案を受諾しない理由が専ら感情的な対立に起因すると

みられるとき
② 当事者が大筋で合意に達していながら、わずかな意見の相違で合意が成立しないとき
③ 紛争の対象が主として法律解釈及び適用にあって、その判断が決定の形式で示されれば、紛争が解決される可能性があるとき
④ 当事者からの提出資料及び事実の調査又は証拠調べによって、紛争の実情が十分に解明されているとき
⑤ 専門家委員の関与あるいは鑑定により、紛争解決の一応の基準が明らかになったとき
⑥ 当事者に対する利害の調整活動や説得が十分に行われ、一方当事者がそれを受け入れているにもかかわらず、他の当事者の頑固な態度等により合意が得られず、このまま不成立にしたのでは、それまでの手続や他の当事者の努力が徒労に帰すと思われるとき
⑦ 後に訴訟が予想される場合に、調停における結論及び理由を決定の形式で明確に示しておいた方がよいと思われるとき
⑧ 貸金、立替金、求償金その他の金銭請求調停事件で、相手方が調停期日に出頭しないが、書面で分割払等の解決案を提示しているとき

D裁判官：実務の運用としても、Cさんが挙げてくれたような理由で「調停に代わる決定」が行われていますね。「調停に代わる決定」に対しては当事者又は利害関係人が、決定の告知を受けた日から2週間以内に異議の申立てをすることができますが、異議の申立てがなされたらその後の手続はどうなるのでしょうか？

B事務官：期間内に適法な異議の申立てがなされると、「調停に代わる決定」は失効してしまい、調停手続は終了となります。その場合、申立人が失効の通知を受け取った日から2週間以内に調停の目的となった請求について訴えの提起をしたときは、調停の申立ての時に訴えを提起したものとみなされます（民調法19条）。この関係は、調停不成立後の訴え提起の場合と同じになります。

D裁判官：そのとおりですね。それでは、調停の終了事由の一つである「調停条項の裁定」という制度についてですが、この制度は、地代家賃増減

調停、商事調停、鉱害調停において、当事者間において調停委員会の定める調停条項に服する旨の書面による合意があるときは、申立てにより、調停委員会は、その事件を不成立とせずに調停条項を定めることができるというものです。当事者が第三者の判断に事件の解決を委ねる点では仲裁制度に類似した紛争解決制度とも言え、その効果等については「調停に代わる決定」と似ています。Cさん、両制度の比較を表にしていましたね。

C書記官：簡単な比較表にすると次のようになると思います。

	裁定制度	調停に代わる決定（17条決定）
対　象	地代家賃増減、商事、鉱害	制限なし
申立て	書面による合意に基づく申立て	職権
主　体	調停委員会	受調停裁判所
手　続	必要的審尋（規則27条の2、34条、35条）	調停委員会の意見の聴取、当事者の言い分の聴取（法17条）
形　式	調停条項を定めて調書に記載	決定書
効　果	調停成立→裁判上の和解と同一（法24条の3第2項、31条、33条）	決定の確定→裁判上の和解と同一（法18条3項）

D裁判官：ありがとう。「裁定制度」は、実務上活用例は少ないようですが、知識として理解しておくことは大切なことだと思います。ところで、調停は、その成立により調停調書記載事項の内容が即時に確定するものですが、しかし、調書の作成上、判決の更正と同様な、さらには異なった理由から訂正の必要が実際上生ずることはやむを得ないといわれています。日本法律家協会編『民事調停の研究』111頁以下に「調停の効力に関する争いの処理」という標題で、その方法を挙げて問題点などの説明がなされていますが、Cさん、そこにはどのような方法が書かれていますか？

C書記官：同書においては、調停の結果となる調停調書の、どのような瑕疵を、どのような段階、またはどのような手続で救済し、処理してゆくかを検討しておく必要があるという前置きで、①「更正決定」、②「期日指定の申立て」、③「再調停の申立て」、④「調停無効確認の訴え」、⑤

「請求異議の訴え」の方法を挙げています。
B事務官：それらの方法を具体的に説明していただけませんか？
C書記官：①「更正決定」については、同書764頁に「調停条項の更正決定」と題して、調停調書の更正決定は、どのような要件のもとに、どのような限度で認めるのが相当か？という内容のことが解説されていますので参考になると思います。更正決定の要件等については、簡単に言えば、調停条項に計算違い、誤記その他これに類する明白な誤りがあるときは、民訴法257条を準用して更正することができるというものです。②「期日指定の申立て」というのは、調停成立後あまり日数を経過しないうちに無効原因が発見された場合に限り、その申立てを認め、その申立てがあれば調停期日を定めて、調停の有効、無効について判断するという方法です。③「再調停の申立て」についてですが、調停成立直後の同一権利義務関係に関する申立ては、調停の利益を欠き許されませんが、調停成立後の日時の経過に従って生じた事情の変化によって同一の権利関係であっても、紛争内容に変化が生じてくる場合や調停条項の文言に関して解釈に大きな隔たりを生じ得る余地があり、現実に食い違いを生じた場合、あるいは前調停条項によっては紛争の全部が解決しておらず、紛争が実質的には一部未解決である場合には、再調停として審理が許されてよいとされています。④「調停無効確認の訴え」は、調停条項の内容で不足、不明、不能、公序良俗違反、代理権のない者のした行為等の欠缺がある場合に調停の効力を争う方法です。⑤「請求異議の訴え」は、調停成立についての合意に、錯誤、詐欺、脅迫等の意思表示の瑕疵があるとき、あるいは調停成立後において調停条項に定められた給付請求権が消滅したことを争うのであれば、民事執行法35条1項の請求異議の方法によるというものです。
D裁判官：「調停無効確認の訴え」と「請求異議の訴え」の管轄についてはどうなりますか？
C書記官：「調停無効確認の訴え」の管轄は、土地管轄、事物管轄ともに一般事件の管轄に従うことになりますし、「請求異議の訴え」の管轄は、原則として、調停の成立した裁判所の専属管轄になりますが、訴額が

140万円を超えるときはその簡易裁判所の所在地を管轄する地方裁判所の管轄になります。

D裁判官：そうですね。調停成立後にその成立を争うという例はないわけではありませんが、調停委員会としては、そのようなことが起こらないように万全を期しているわけですし、特に調停の内容に給付条項がある場合などは、執行力という効果が付与されますので、後日に疑義が生じないように慎重な配慮を行っているというのが実情ですね。それでは次に、特定調停の手続等に入りましょうか。特調法及び特調規則は、民調法及び民調規則によりながらその特則となる規定を定めたものですので（特調法22条、特調規則9条）、特定調停の基本的な手続の構造や進行は、通常の調停と異なりませんね。また、特調法及び特調規則の多くは、債務弁済協定調停事件の処理について、実務で工夫実践されている運用を参考にしていますので、特定調停手続は、債務弁済協定調停事件の処理の延長線上にあるものと考えられています。Cさん、特定調停を申し立てるに当たっての注意点をあげてください。

C書記官：まず、申立ての際には、特定調停手続により調停を行うことを求める旨の申述が必要になります（特調法3条1項、2項）。それから、特調法3条3項に、①「申立てと同時に（やむを得ない理由がある場合には、申立ての後遅滞なく）、財産の状況を説明する明細書等の特定債務者であることを示す資料」と、②「債権者及び担保権者（関係権利者）の一覧表を提出しなければならない。」と規定されています。それに、特調規則1条1項に、③「申立人が事業を行っているときは、関係権利者との交渉の経過及び申立人の希望する調停条項の概要を明らかにしなければならない。」、同2項に、④「申立人が法人であるときは、当該申立人の使用人その他の従業者の過半数で組織する労働組合があるときはその労働組合の名称、労働組合がないときは当該申立人の使用人その他の従業者の過半数を代表する者の氏名を明らかにしなければならない。」と規定されています。

D裁判官：そうですね。「特定債務者」とは、金銭債務を負っている者であって、「支払不能に陥るおそれのある個人又は法人」、「その事業の継

続に支障を来すことなく弁済期にある債務を弁済することが困難である事業者」又は「債務超過に陥るおそれのある法人」のいずれかに当たるものをいいます（特調法2条1項）。それから、「特定債務者」には、現に支払不能や債務超過が生じている金銭債務者も、解釈上当然含まれるとされています。それでは、Cさん、申立人が提出すべき①の資料及び②の関係権利者の一覧表というのはどのようなものですか？

C書記官：①の資料としては、㈠申立人の資産、負債その他の財産の状況、㈡申立人が事業を行っているときは、その事業の内容及び損益、資金繰りその他の事業の状況、㈢申立人が個人であるときは、職業、収入その他の生活の状況を具体的に記載したものになります（特調規則2条1項）。具体的には、個人の場合には、負債に関する契約書、弁済した領収書、給与明細書等、事業者の場合には、直近の決算書、確定（青色）申告書、貸借対照表、損益計算書、資金繰り表等の書類になります。②の一覧表というのは、関係権利者の氏名、住所、債権等の発生原因及び内容を記載したものになります（特調規則2条2項）。

D裁判官：そうですね。②の「関係権利者」というのは、特定債務者に対して財産上の請求権を有する債権者や特定債務者の財産の上に担保権を有する担保権者のことになります。それから、特定調停手続で重要なことは、事件の一括処理のための措置ですよね。同一申立人に係る複数の事件はできる限り併合して行わなければならないという規定（特調法6条）も、移送等の要件の緩和（特調法4条）も、簡裁から地裁への裁量移送の制度の緩和（特調法5条）もその現れになっています。つまり、事案に応じて最も適切な裁判所において事件を取り扱うことが望ましいということになりますので、特調法4条から6条までの規定が設けられているということになります。それから、特定調停の結果について利害関係を有する関係権利者が特定調停手続に参加する場合は、調停委員会の許可を受けることは必要ありません（特調法9条）。一般の調停の場合は、調停委員会の許可が必要になりますが（民調法11条1項）。

B事務官：特定調停を実施するにあたって、調停委員の指定も難しそうですね。

D裁判官：そこで、特調法8条は、「事案の性質に応じて必要な法律、税務、金融、企業の財務、資産の評価等に関する専門的な知識経験を有する者を指定するものとする。」と規定しています。特定調停が、特定債務者の経済的再生に資するとの観点から、公平かつ妥当で経済的合理性を有する内容の合意の形成を目指すという特性を有することから、調停委員にはそのような合意を取りまとめるにふさわしい専門的な知識経験が求められると考えられるからです。それから、特定調停を進めるにあたっては当事者の責務もありますね。

C書記官：特調法10条に「当事者は、債権債務の発生原因及び内容、弁済等による債権又は債務の内容の変更及び担保関係の変更等に関する事実を明らかにしなければならない。」と規定されています。この規定は、特定債務者の資力の状況を把握し、相手方である債権者に対する債務額を確定した上で、特定債務者の支払能力に応じた再建計画案を策定するためには、当事者双方から残債務額等に関する資料を速やかに提出させて、特定調停の手続を迅速かつ的確に進めるためとされています。

D裁判官：その特定調停の手続を迅速かつ的確に進めるための一環として、調停委員会による資料等の収集も認められていますね。

C書記官：調停委員会は、特に必要があると認めるときは、当事者又は参加人に対し、事件に関係のある文書又は物件の提出を求めることができますし（特調法12条）、職権で事実の調査及び必要であると認めるときは証拠調べをすることができます（特調法13条）。また、官庁、公署その他適当であると認める者に対し、意見を求めることができます（特調法14条1項）し、法人の申立てに係る事件については、労働組合等の意見を求めること（特調法14条2項）とされています。

D裁判官：特調法14条1項の規定の趣旨は、特定調停を行うに際し、当該特定債務者の経済的再生の可能性、債権者譲歩についての経済的合理性等の判断をするためには、広く必要な情報を有すると認められる者の意見を聴くことが必要となるからですし、同条2項の規定の趣旨は、特定債務者である法人の事業の再生には、その従業者の協力が必要不可欠と考えられるからというものですね。

B事務官：ところで、特調法11条は特定調停をしない場合という規定ですが、具体的にはどのような場合でしょうか？

D裁判官：調停をしない場合の例としては、例えば、申立人に当初から調停を成立させる意思がなく、単に義務の履行の引き延ばしを目的として申し立てられたと認められるときや申立書及び関係書類等により、申立人が特定債務者でないことが明らかであると認められるとき等が考えられますね。

B事務官：調停を不成立にする場合の例はどのようなものでしょうか？

D裁判官：調停をしない場合というのは一種の門前払いのようなものですが、調停不成立の場合は、一応内容に対する判断が加わります。例えば、特定債務者の事業、負債の規模等から、強制的な調査によらなければ債務の状況等の事実関係を明らかにすることが期待できないときや、債権者の同意があっても、特定債務者の返済計画案が支払能力を超えていて、現実に履行していくことが困難と認められるときなどが考えられますね。なお、特定調停については、民事一般調停手続によるところが多いので、一般調停の流れを理解していれば問題はないでしょう。

B事務官：特定調停は、多重債務者等の経済的再生という観点や金銭に絡むことから、難しいものと考えていましたが、調停の手続に乗ってしまえばさほどでもないということですね。

D裁判官：そのとおりです。特定調停の申立ては難しくありませんし、特定調停によって経済的再生ができた多重債務者は、全国レベルでみても、かなりの数になるのではないでしょうか。ところで、調停手続には、「調停前の措置」（民調法12条）や「民事執行手続の停止」（民調規則6条）などの付随手続がありますが、これらの手続などの知識も非常に大切です。Cさん、「調停前の措置」とはどのような制度ですか？

C書記官：民調法12条1項には、「調停委員会は、調停のために特に必要があると認めるときは、当事者の申立により、調停前の措置として、相手方その他の事件の関係人に対して、現状の変更又は物の処分の禁止その他調停の内容たる事項の実現を不能にし又は著しく困難ならしめる行為の排除を命ずることができる。」と規定されています。当事者は、調停

を申立てても、調停の目的物を処分することが禁止されていませんので、調停手続中に、当事者の一方が調停の目的物を処分する等の行為によって、あるべき合意の内容の実現を不能又は困難ならしめて、調停の成立を事前に妨害するおそれがないわけではありません。そこで、そのような場合には、調停の成否確定までその行為を禁止することによって、紛争解決のための基盤を保全して、各当事者が公平な立場で合理的な判断に基づいて合意が成立させることができるように定められたものと説明されています。

D裁判官：そうですね。この「調停前の措置」の要件は、ア「調停のために特に必要であること」、イ「当事者の申立てがあること」、ウ「調停申立後で終了前であること」、エ「相手方その他の事件関係人に対するものであること」となっています。アの調停のために特に必要か否かについては、申立人の利益と相手方の被る損害を比較し、総合的に判断することになります。イについては、当事者の申立てがあることが要件ですから職権で命ずることはできません。ウの調停継続中であることという要件は当然ですね。それからエの要件に関してですが、当事者と参加人については、調停前の措置命令に従わない場合は過料の制裁（民調法35条）がありますが、利害関係人には過料の制裁を科すことができません。その場合には、利害関係人を手続に参加させる手続をとれば、措置命令の実効性は高まるといえますね。ところで、Cさん、調停前の措置申立書の「申立ての趣旨」の記載例をあげてみてください。

C書記官：建物収去土地明渡調停事件の場合の例になりますが、「相手方は、○○簡易裁判所平成22年(ユ)第1000号建物収去土地明渡調停事件の終了に至るまで相手方が現に占有している別紙物件目録(1)記載の土地上に存する同目録(2)記載の建物につき、譲渡・賃貸・その他一切の処分をしてはならず、また、占有移転その他一切の処分をしてはならない。」というような記載になると思います。

D裁判官：申立書には、「調停前の措置」を必要とする理由やいかなる措置が妥当であるかについて判断の資料となる事実関係を記載することになりますし、疎明する資料の添付も必要になりますね。それから、調停前

の措置命令はいわゆる裁判ではありませんので、裁判に対するような不服の申立ての道は開かれておりません。これは、調停前の措置命令には執行力がないことと対応していると考えられているようです。調停前の措置命令には執行力がありませんので、相手方やその他の事件関係人が措置命令に違反した場合にも執行法上の救済方法はありませんので、措置命令は、過料の制裁規定により間接的に強制されるということになります。

B事務官：「調停前の措置」は、簡単に言えば現状を変更しない手続ということなのですね。ところで、「民事執行手続の停止」についてはなんか難しそうですね。

D裁判官：民調規則6条1項に、「調停事件の係属する裁判所は、紛争の実情により事件を調停によって解決することが相当である場合において、調停の成立を不能にし又は著しく困難にするおそれがあるときは、申立てにより、担保を立てさせて、調停が終了するまで調停の目的となった権利に関する民事執行の手続を停止することを命ずることができる。ただし、裁判及び調書その他裁判所において作成する書面の記載に基づく民事執行の手続については、この限りでない。」と規定されています。Cさん、「民事執行手続の停止」はどのような趣旨で規定されたのですか？

C書記官：調停手続による紛争解決の実効性を確保するため、調停事件の係属する裁判所に調停事件の終了まで執行手続を停止する権限を与えましたが、他方において、この制度の濫用を防止し、債権者らの利益が不当に損なわれないようにするため停止の要件を定め、さらに、停止された民事執行手続の迅速な再開を図るため調停事件の係属する裁判所に執行手続の続行を命じる権限を与えて、調停制度と民事執行制度との調和を図ったとされています。

D裁判官：そうですね。民事執行手続の停止の要件は、ア「紛争の実情により事件を調停により解決することが相当であること」、イ「調停の目的となった権利につき民事執行手続が行われていることが調停の成立を不能にし又は著しく困難にするおそれがあること」、ウ「民事執行手続の

基本となった債務名義が裁判所において作成されたものでないこと」です。アの要件の例ですが、債務者に債務を履行する意思と将来におけるその可能性とが認められるにかかわらず、直ちに民事執行が行われると債務者の生活が危うくなるといった事情があるような場合や債務名義につき請求異議・執行異議等が認められる相当な理由があるにもかかわらず、債務者の無資力又は法律上の知識の不足等により請求異議等の訴訟の遂行が事実上困難な場合、債権者が権利の実行を猶予してもよいという意向を持っている場合などがあたるとされています。ウの要件ですが、裁判所が作成したものでないものとなりますので、仮執行宣言付支払督促や訴訟費用額確定処分等の裁判所書記官が固有の権限に基づいて作成したものや破産手続における破産債権者表、会社更生手続における更生債権者表等も除外されます。裁判所が関与して作成したものは、その成立、内容ともほぼ確実で、調停手続において、容易に強制執行手続停止を認めることは、一般の裁判の威信にも好ましくない影響を及ぼすと考えられたからのようです。ですから、執行停止の対象となるのは、公正証書（民執法22条5号）による民事執行や担保権の実行としての競売等ということになりますね。

C書記官：「民事執行手続の停止」の申立ての悪用が問題になったりすると耳にしたことがありますが……。

D裁判官：確かにそのおそれはありますね。「民事執行手続の停止」の制度は、もともと法律上正当な債権者の権利行使である執行手続を、調停による妥当な解決という目的達成のために、一時中止させるものですが、執行手続の引き延ばしや執行回避の目的に利用される危険性が大きいといえます。ですから、「民事執行手続の停止」の運用には慎重を期し、濫用を防止する必要があります。

B事務官：具体的にはどのような悪用ですか？

D裁判官：例えば、調停の申立てをすると同時に明らかに競売手続の引き延ばしを図る目的で停止決定を求めてくる場合などがあります。競売ブローカー等は、競売手続が停止されている間にいろいろ画策する余地が出てくるということになりますよね。また、最高価買受申出人にも執行

裁判所の手続にも大きな影響がありますからね。実は私も以前勤務した裁判所でこのような事例に出会ったことがあります。明らかに競売手続の引き延ばしとみられるものについては却下したケースもありましたが、判断を求められる時間の短さや判断内容を含めていろいろな点で大いに悩まされたというケースもありました。ところで、Cさん、「民事執行手続の停止」の申立ての趣旨の記載例は、どのようになりますか？

C書記官：記載例としては、「被申立人から申立人に対する△△法務局所属公証人甲野乙雄作成平成22年第1000号公正証書の執行力ある正本に基づく別紙物件目録記載の物件についてなした強制執行は、御庁平成22年(ノ)第2000号債務弁済調停事件が終了するまで、これを停止する。」というようなものになると思いますが。

D裁判官：申立てには理由の疎明が必要になりますね。この疎明は通常は書面によってなされますが、その代表的なものは弁済計画書ということになります。それから、執行停止決定をするには、担保を立てさせることが必要ですが、その理由は、執行手続によって相手方が被ることが予想される有形無形の損害賠償請求権を担保するためのものです。申立人が裁判所の定めた担保額を提供期間内に提供すると、裁判所は、改めて、その時点で執行停止決定をするかどうかを判断することになります。執行手続の停止決定は告知によって効力を生じますが、これによって民事執行手続は当然には停止せず、民執法183条1項6号又は7号の書面として、停止決定の謄本を執行機関に提出することにより、執行手続が停止されることになります。執行停止及び執行続行の決定に対しては即時抗告ができますが（民調規則6条5項）、この即時抗告には、執行停止の効力は認められていません（民調法22条、非訟事件手続法21条）。

B事務官：「調停前の措置」と「民事執行手続の停止」の違いはどのような点にあるのでしょうか？

D裁判官：両制度は、調停による妥当な解決を図るための一種の保全的機能を果たすという目的と調停の成立を可能・容易にするための必要性という実質的要件は共通しています。ただ、「調停前の措置」は、法文上、申立人に申立ての理由について疎明又は証明をさせることや関係者の審

尋をすることを要請されておりませんので、「民事執行手続の停止」の制度に比べると手続は緩やかといえると思います。しかし、実務の運用としては、申立人に疎明資料の提出及び補充説明としての面接を求め、必要があれば、事実調査及び関係者の審尋を行っているのが実情ですね。ここで問題になるのは、「調停前の措置」によって民事執行の手続を停止できるかどうかですが、規定の仕方などから判断して消極に考えてよいと思います（同旨：梶村太市＝深沢利一著『［補訂版］和解・調停の実務』366頁）。

B事務官： 特定調停にも「民事執行手続の停止」の規定がありますね。

D裁判官： 特調法7条1項に規定されています。裁判所は、特定調停の円滑な進行を妨げるおそれがある等の場合に、申立てにより、担保を立てさせて、又は担保を立てさせないで、判決書、和解調書等に基づく民事執行手続の停止を命じることができます。この規定は、裁判所等の債務名義に基づく強制執行手続も停止の対象として、救済手段を講じている点において一般の調停における民事執行停止の制度の拡充を図ったものであり、特定債務者について、調停による互譲によってその経済的再生に資するための債権債務の調整が期待できるにもかかわらず、債権者による民事執行手続が進行し、特定債務者の財産が売却されるなどして、その経済的基盤が破壊されることになれば、特定調停の成立やその履行の可能性が失われてしまうために定められたものです。ただし、生活の基盤となっている給与債権等の保護に万全を期するために、給与、賃金、賞与、退職手当、退職年金等に係る債権については除かれています。

B事務官： どのような場合に、特定調停における「民事執行手続の停止」がなされるのでしょうか？

D裁判官： 例えば、特定債務者の生活に欠くことのできない自宅や事業に欠くことのできない重要な土地建物について、債権者がことさら調停を有利に進めようとして差押えをした場合や、民事執行手続開始後に特定調停の申立てがされ、差押債権者も民事執行手続の取下げはしないものの調停の手続には応じてもよいという意向を有している場合には、そのままにしておくと民事執行手続が進行し、物件が売却されるなどしてしま

うことになるので民事執行手続の停止をすることが考えられます。Cさん、「民事執行手続の停止」を求める際に提出すべき証拠書類はどのようなものですか？

C書記官：特定調停手続規則3条に規定されていますが、ア「当該民事執行の手続の基礎となっている債権又は担保権の内容」、イ「アの担保権によって担保される債権の内容」、ウ「当該民事執行の手続の進行状況」、エ「特定債務等の調整に関する関係権利者の意向」、オ「調停が成立する見込み」以上の事項を明らかにして、その証拠書類を提出しなければなりません。

B事務官：一般調停における「調停前の措置」と「民事執行手続の停止」も特定調停における「民事執行手続の停止」も、調停を円滑に進めるためには大事な規定なのですね。当事者が申し立てるに当たっての手続もそんなに難しくはないということは分かりましたが、判断する側の裁判所が大変という感想を持ちました。また、調停制度は、利用する当事者には簡易性、利便性にすぐれた制度だということが分かりました。しかし、奥深いものがあるということも何となく分かりました。調停の受理件数が激減しているということは気になりますが、国民の皆さんにはもう少し気楽な気持ちで調停を利用していただければという思いになりました。

D裁判官：調停の手続等についての勉強会の成果はあったように思いますが、次回の勉強会も頑張りましょう。

7 訴訟代理人

　平成15年度から平成23年度までの全簡易裁判所における通常訴訟事件と少額訴訟事件の既済事件数から弁護士及び認定司法書士受任の事件数を司法統計結果から拾い出してみると、下記の表のとおりとなる。

　表から分かるとおり、平成15年度から平成23年度までの傾向をみると、弁護士及び認定司法書士が訴訟代理人として関与した件数は右肩上がりに増加しており、平成15年度と平成23年度を比較してみると、その関与数に特段の開きがあり、それだけに簡易裁判所の民事法廷の現場に弁護士及び認定司法書士が訴訟代理人として登場してくる場面が多くなってきている。この傾向はますます強くなるであろうという予測は、簡易裁判所において執務を行う者の共通の認識ともなっている。

（通常訴訟）

年度	既済事件数	双　　方				一　　方			
		双方弁	原弁被司	原司被弁	双方司	原弁	原司	被弁	被司
15	337,076	3,703	12	36	4	11,483	1,207	14,180	238
16	347,851	44,340	12	4,595	7	15,064	8,883	13,561	1,200
17	356,718	58,892	17	8,067	10	20,029	16,747	12,760	1,373
18	386,833	7,381	194	1,211	101	28,162	28,905	10,850	1,439
19	461,128	8,855	212	1,804	98	50,607	58,202	11,587	2,030
20	537,626	9,940	171	2,073	78	65,101	73,561	14,311	2,852
21	622,492	10,356	242	1,665	156	83,725	108,567	16,625	3,912
22	624,443	11,898	244	2,021	296	108,738	125,028	21,147	4,673
23	550,798	13,066	251	2,168	205	89,586	99,441	17,734	3,980

(少額訴訟)

年度	既済事件数	双方				一方			
		双方弁	原弁被司	原司被弁	双方司	原弁	原司	被弁	被司
15	15,246	25				344	37	346	6
16	17,346	39		12	1	493	270	412	50
17	19,755	72	2	9	7	640	413	436	67
18	18,314	53	1	2	4	695	394	418	63
19	18,112	64	3	10	3	765	500	390	57
20	16,952	47	2	6	4	728	520	366	41
21	17,148	53	2	5	5	785	545	393	47
22	15,824	58	2	7	3	743	483	350	56
23	14,097	42	4	7	4	701	370	389	57

(注)（双方弁）は当事者双方に弁護士代理人、（双方司）は、当事者双方に認定司法書士代理人、（原弁）は、原告に弁護士代理人、（原司）は、原告に認定司法書士代理人、（被弁）は、被告に弁護士代理人、（被司）は被告に認定司法書士代理人がそれぞれ選任された場合を表す。

D裁判官：今日は訴訟代理人についての勉強会ですね。民事訴訟における代理人とは、訴訟当事者の名において、当事者の代理人であることを示して、当事者に代わって自分の意思に基づいて訴訟行為をし、またはこれを受ける者をいいます。ところで、民訴法54条に訴訟代理人の資格が規定されていますが、Cさん、簡単に解説してみてください。

C書記官：訴訟代理人には、①法令による訴訟代理人と②訴訟委任による訴訟代理人とがあります。民訴法54条は、訴訟代理人の資格を定めた規定で、地方裁判所以上の審級の裁判所においては訴訟代理人となるのは、法令による訴訟代理人のほかは、弁護士に限られるという弁護士代理の原則を採用しました。しかし、簡易裁判所においては、弁護士、認定司法書士でない者も、裁判所の許可を得て訴訟代理人となることができるとしました。その訴訟代理人を実務では許可代理人と言っています。

B事務官：法令による訴訟代理人とはどういう人たちをいうのですか？

C書記官：法令による訴訟代理人とは、法令の定めにより本人の一定範囲の

業務につき、一切の裁判上の行為をする権限をもつ代理人のことです。訴訟代理権自体は法令の規定に基づくものですが、その基礎たる法律上の地位が本人の意思に基づいているので、法定代理人ではなく、任意代理人とみなされます。訴訟委任による訴訟代理人と異なって、弁護士等の資格の有無は問題となりませんし、訴訟行為の範囲に関する制限もありません（伊藤眞著『民事訴訟法［第3版3訂版］』127頁）。具体的には、支配人（商法21条1項、会社法11条1項）、船舶管理人（商法700条1項）、船長（商法713条1項）、国を当事者とする訴訟の指定代理人などです。

B事務官：簡易裁判所においては、許可代理人が認められている理由はどういうことからですか？

C書記官：簡易裁判所の訴訟は、手続の簡略性や事件の軽微性等が考慮されたためのようです。

D裁判官：それでは、民訴法54条の規定の趣旨などを一応理解したということにして、個別の問題に入っていきましょう。表に示されているように、弁護士や認定司法書士の民事訴訟に関与する率は多くなりましたね。平成14年の司法書士法の改正により、認定司法書士に簡易裁判所における訴訟代理権が認められたので、認定司法書士の民事訴訟に関与した数の統計が始められた平成15年度の関与数と平成23年度の関与数を比べると、その関与数は大幅な伸びを示していますが、具体的な数字をあげて分析してみましょう。Bさん、まず、当事者双方あるいは一方に弁護士及び認定司法書士が関与した合計数を表にしてみてください。

B事務官：平成15年度から平成23年度までの当事者双方あるいは一方に関与した弁護士と認定司法書士のそれぞれの合計数は、下記の表のとおりになります。

(通常訴訟)

年度	既済事件数	弁護士	司法書士	合計	関与率（％）
15	337,076	29,414	1,497	30,911	9.17
16	347,851	33,638	10,737	44,375	12.75
17	356,718	39,656	19,205	58,861	16.50
18	386,833	47,798	31,850	79,648	20.58
19	461,128	73,065	62,346	135,411	29.36
20	537,626	91,596	78,735	170,331	31.68
21	622,492	112,613	114,542	227,155	36.49
22	624,443	144,048	132,262	276,310	44.24
23	550,798	122,805	106,045	228,850	41.54

(少額訴訟)

年度	既済事件数	弁護士	司法書士	合計	関与率（％）
15	15,246	715	43	758	4.97
16	17,346	956	333	1,289	7.43
17	19,755	1,159	498	1,657	8.38
18	18,314	1,169	464	1,633	8.91
19	18,112	1,232	573	1,805	9.96
20	16,952	1,149	573	1,722	10.15
21	17,148	1,238	604	1,842	10.74
22	15,824	1,160	551	1,711	10.81
23	14,097	1,143	442	1,585	11.24

（注）　既済事件数に対する代理人の関与数は小数点3以下切り捨て

D裁判官：表によれば、平成15年度から平成23年度までの関与率の増加の度合いは、通常訴訟では約4倍の増加、少額訴訟では約2倍の増加ということになっていますので、いずれにしても関与率の大幅な増加といってよいと思います。弁護士と認定司法書士とのそれぞれの増加の倍率をみた場合、通常訴訟では、弁護士約4.1倍、認定司法書士約70.8倍、少額訴訟では、弁護士約1.6倍、認定司法書士約10.2倍となっていますので、弁護士に比べて認定司法書士の関与の増加が目立ちます。ますますこの

傾向は強まっていくものと思いますので、そこで、ポイントを絞って、認定司法書士代理人について勉強していきたいと思います。

B事務官：受付窓口に見えられる認定司法書士の方が多くなったという実感はあったのですが、統計数字をみるとそのことがよく理解できます。

C書記官：法廷においても同じことがいえます。それから、原告代理人として受任する場合と被告代理人として受任する場合とでは、通常訴訟も少額訴訟も原告代理人としての受任率が圧倒的に多いですね。

D裁判官：認定司法書士が簡易裁判所に訴訟代理人として登場してきてから8年を迎え、創世記からいよいよ安定期に差し掛かろうという時期に入ったのではないかと感じていますが、年数を経たことによって、訴訟の現場において問題とされる点が見受けられるようになったのも事実のようです。ちょっと前のものになりますが、「市民と法・No.59・2009年10月号」に、日本司法書士連合会会長細田長司氏（当時）が「司法書士の存在意義を見つめ直そう」という小論文を載せています。その中に、「司法書士の簡裁代理権は、あくまでも市民に貢献するためのものであり、司法書士のために付与されたものではない。」という記述がありますが、含蓄のある言葉ですね。そして、締めの記述として、「一部の司法書士の行為により、司法書士全体の信頼を損なうようなことがないようにしなければならない。130年以上続いてきた制度の存在意義、職務範囲が拡大されてきた意義を全会員で検証する必要がある。自らの手で、浄化する努力をしなければならない。『司法書士は市民とともに歩んできた』精神を今一度、真剣に考え、その土台に立った、新たな司法書士制度の基礎を構築していかなければならないと切に考える。」としています。こんなことを言うのは失礼かも知れませんが、細田連合会会長の言葉を、認定司法書士の方々がもう一度噛みしめていただきたいような気もします。

C書記官：D裁判官は、認定司法書士制度が設けられた最初の裁判所における特別研修に携わったということを以前に伺ったことがありますが、昨年も今年も同じ研修に講師として出掛けられておりますし、実務研修の講師もされていますよね。

D裁判官：そうですね。お陰様で多くの司法書士の方々と知り合いになれましたし、特に東京司法書士会の役員の方々とは研修会や裁判所との懇談会などの機会を通していろいろな話ができるようになりました。そんな関係から司法書士の方々になんとなく親しみを感じています。ところで、さきほど「市民と法・No.59」の細田連合会会長の小論文を紹介しましたが、同じ「市民と法」のNo.60に、菊池洋一東京簡易裁判所司法行政事務掌理裁判官（当時）が「認定司法書士に期待する」という文を、No.66に山下郁夫大阪簡易裁判所司法行政事務掌理裁判官が「簡易裁判所の特色と司法書士代理人への期待」という文を寄せられておりますので、認定司法書士の方々には、これらの文を裁判所サイドからの期待と要望として読んでいただければと思っています。

B事務官：認定司法書士の方々も大きな期待を寄せられ、また要望もありでなにかと大変ですね。しかし、それだけに裁判所サイドからだけではなく、国民からも「くらしの中の法律家」として注目をされているということでしょうか？

D裁判官：そうですね。脂がのりかかってきた今が大切なときともいえますので、裁判所サイドからの意見なども謙虚に受け止めていただければと思います。それでは、まず、認定司法書士の簡裁における代理権の範囲等についてから勉強していきましょう。認定司法書士が代理人となって訴えの提起をしてきた場合どのような点に注意する必要がありますか？

B事務官：訴訟の目的の価額（以下「訴額」という。）が140万円を超えないものかどうかに注意する必要があります。

D裁判官：訴額を算定することができないときはどうしますか？

B事務官：訴額を算定することができないときや算定が極めて困難な場合には、その価額は140万円を超えるものとみなされます（民訴法8条2項）ので、代理することはできません。もし、訴額が140万円以下であるとして訴えを提起してきた場合に、その訴額が一件記録上明らかでない場合には、140万円以下であることの資料を出していただくことになります。

D裁判官：それでは、Cさんに聞きますが、訴額が140万円を超えている訴

訟について、認定司法書士が被告代理人となり、「被告は一部弁済し、弁済金を充当計算すると訴額は140万円を超えていない。」という趣旨の答弁書を提出してきた場合はどのようになりますか？

C書記官：原告が請求の減縮や訴えの一部取下げをしない限り、被告の抗弁として、訴額が140万円を超えない旨を主張しても、訴額は当初と変わりありませんので、認定司法書士には代理権がありません。ですから、答弁書の提出権限は認められず、このような答弁書は無効なものになると思います。実務の取扱いとしては、当該認定司法書士に連絡をし、本人名で答弁書の再提出を促すなどの方法になると思います。

D裁判官：そうですね。それでは、訴えの変更等により訴額が140万円を超えることを理由に認定司法書士の代理権が失われた事件について、請求の減縮によって訴額が140万円以下に戻った場合、代理権は復活することになりますか？

C書記官：代理権は当然には復活しません。弁論の併合、訴えの変更等により、訴額が140万円を超えた場合は、認定司法書士は、当事者本人から授権された訴訟代理権そのものが消滅しますので、訴額が140万円以下に戻った場合に、代理人として訴訟行為を行うためには改めて当事者からの授権行為が必要となり、新たな委任状の提出が必要になります。

B事務官：ちょっと複雑ですね。それでは、認定司法書士が原告代理人の事件で、被告が、140万円を超える請求の反訴を提起した場合はどうなりますか？

C書記官：本訴と反訴は、訴訟を異にすることになりますので、この反訴については、認定司法書士は反訴被告（原告）を代理することはできません。そこで、裁判所としては、反訴状を反訴被告（原告）本人に送達することになります。

B事務官：そうすると、現実の訴訟進行については面倒になると思うのですが、どのように進行していくことになるのでしょうか？

D裁判官：具体的な訴訟の進行を想定した場合、反訴が提起されるかどうかについては、訴訟の流れの中で原告代理人が認識する場合がほとんどだと思います。ですから、原告代理人は原告本人に連絡をしているのが実

情でしょうし、また、打合せを行っているでしょうから、反訴状が反訴被告（原告）本人に送達されたとしても予期しないことではないと思います。次回期日には、反訴被告（原告）本人が原告代理人とともに出頭して、反訴についての訴訟行為をなすことなどが考えられます。
B事務官：もう一点、認定司法書士の代理権の範囲の問題ですが、民事執行手続の中で、少額訴訟債権執行については代理権が認められていますが、どのような理由からでしょうか？
D裁判官：基本的には認定司法書士には民事執行手続の代理権は与えられていませんが、少額訴訟債権執行手続は、簡易裁判所で行われる金銭債権の差押等の簡易な手続に限定された強制執行手続ですので、少額訴訟利用者の利便性も向上するとして、認定司法書士に代理権が認められたということのようです（司法書士法3条1項6号ホ）。
C書記官：少額訴訟手続において代理人となった認定司法書士は、委任状を受けることなく少額訴訟債権執行手続の代理人となることができますが（司法書士法3条7項ただし書）、実務の取扱いとしては、代理権限や受任範囲の確認、過誤防止などの観点から委任状の提出をお願いしているのが実情です。
B事務官：簡単な問題で申し訳ありませんが、認定司法書士が受任した事件の訴状や判決等における当事者の資格の表示ですが、どのように記載することになりますか？
C書記官：資格の表示については、認定司法書士の「認定」は記載せずに単に「原告代理人司法書士」、「被告代理人司法書士」という記載になると思いますが。
D裁判官：そうですね。ところで、委任状の記載ですが、民訴法55条2項の特別授権事項の記載のないものが、時たま見受けられます。単なる記載漏れだとは思いますが、特別授権事項の権限のないものとして訴訟を進行することになりますので、記載は忘れないでいただきたいですね。
C書記官：委任状についてですが、司法書士法人事務所名のみの記載してあるものが提出され、そして訴状にも法人事務所名の記載があるのみで、個人名の記載のないものがありました。代理人となるのは、法人ではな

いので、少なくとも担当者を記載してもらいたいとの要請はしましたが、なんか誤解されているようでした。

D裁判官：委任状というものは、代理権授与という権限の問題にもなりますし代理権の範囲を示したりするものですので、訴訟手続の中では大変重要な書面ですからね。

C書記官：委任状とは関係ありませんが、司法書士代理人は移送に関して、特に地方裁判所への移送については極力反対の立場のようですね。この間も、被告に弁護士代理人が付いて、原告の請求を徹底的に争うし事案も複雑である。証人尋問も複数人必要であるということを理由に地方裁判所への移送を申し立ててきた事件がありましたが、相手方原告代理人に対して移送に対する意見を求めたところ、意見書提出の前に、その司法書士代理人から長々と電話を受けました。気持ちは分かるのですが。

D裁判官：司法書士代理人にとっては、移送は大きな問題ですからね。東京司法書士会との懇談会や認定司法書士の研修会などでも、移送についての話や疑問が出されています。地方裁判所へ移送となると代理権限がなくなりますので、委任者との関係もあり、やはり反対の立場をとらざるを得ないのでしょうね。裁判所としてもその点は無視することはできませんが、移送せざるを得ない事件もあることを理解していただくということにつきますね。

C書記官：それから、認定司法書士の方には司法書士バッチを付けていただきたいですね。この間、当事者と思って対応していたら、代理人だったということがありました。

B事務官：法廷でもそうでしょうが、窓口でも一見して代理人であることが分かるようにバッチを付けていていただければ、応対が楽になりますので、是非バッチはお願いしたいですね。

D裁判官：認定司法書士の方々も弁護士同様にバッチを付けていただくとよろしいですね。代理人なのか当事者なのか明確に分かる必要がありますからね。確かバッチは五三の桐でしたね。

C書記官：ところで、2月には司法書士の裁判実務研修の一環として、多数の方が法廷傍聴にみえていましたが、皆さん熱心ですね。

D裁判官：そうですね。単なるカリキュラムをこなすだけというのではなく、法廷傍聴で実際の訴訟の進行などをしっかり学んでいただきたいと思っています。訴訟に不慣れな認定司法書士がいることはやむを得ないことですが、「習うより慣れよ」で、法廷に多く足を運んで、いろんな事件を傍聴し、訴訟の流れ、裁判官の訴訟指揮、訴訟代理人の言動、尋問の仕方などを学ぶことが大切だと思います。私自身も、異動によって初めての地に赴任したときには、法廷の雰囲気やその地の風土、気質などを学ぶという意味などもあって、法廷傍聴をさせていただいています。

C書記官：法廷の傍聴をしっかりやっていただいて、法廷におけるマナーなども学んでいただければと思います。

B事務官：何か含みのある言葉ですね。時たま、法廷での代理人の態度について愚痴めいたことをこぼすことがありますが、関係があるようですね？

C書記官：そういうことです。一部の代理人ですが、法廷マナーがなっていない人がいるということを言わせていただきたいのです。この間のことですけど、傍聴席で足を組んで、新聞を広げて読んでいて、その新聞をめくる音がガサゴソうるさいのでそれとなく注意したところ、法廷に入ってもブスッとしていてまいったことがありました。

D裁判官：自分の事件の順番待ちの間に、他の人に迷惑にならないように訴訟の準備をしたり、あるいは本を読んだりすることはなんら差し支えないのでしょうが、新聞を広げられると裁判官席から見ても目障りですし、結構ガサゴソ音もするので、止めてもらいたいですね。そんなことは基本的なマナーとして当然のことと思いますが。

C書記官：本当にごく一部の代理人ですが、目に余る行為があるとどうしても、「司法書士代理人は！」と全体のイメージが悪くなってしまいますので、そのへんを自覚していただければと思います。私の担当ではなかったのですが、傍聴席でガムをかんでいたので、ヒヤヒヤしていたら、さすがに法廷に入ったときはガムを出したという話がありました。傍聴席でのガムもどうかと思いますけど。

D裁判官：ガムといえば、東京ではないけど、数年前に、認定司法書士になろうとしている人たちの特別研修で講義したときに、一番前の席でガムをかんで聴講していた人がいました。注意しようと思ったけど、多くの人たちの前で言うのも何だろうと思って口に出さなかったけど、受講生全体のイメージダウンにもなりますね。

C書記官：ガムのこともそうですけど、服装に関して、規定があるわけではないですが、法廷に臨むにあたってのふさわしい服装というものが要求されるような気がしますが……。ジャンパーにヨレヨレのジーパン姿でサンダル履きという代理人がいて、最初は当事者かと思っていたのですが……、ちょっとビックリでした。

B事務官：夏のことですが、Tシャツに半ズボン姿の代理人がいたということも聞いています。ところで、最近のことですが、私の隣の席の書記官が、受話器を耳から遠ざけて電話の応対していました。相手の怒鳴り声がガンガン私の方まで聞こえてきて、とにかくひどい電話でした。その会話の中で、書記官が「お前と言わないでください。」と言ったところ、「お前はお前でいいんだ！」という声が聞こえてきました。マナーなどの問題ではなく、このようなことは人間性の問題だと思いますが、担当書記官の腹立たしさがよく分かる思いがしました。

C書記官：その人については、何人かの書記官が電話で応対していますが、やはり共通して電話の後にその人のことを怒っていますね。このような人がいると、「実はこういうこともあった。」というように司法書士代理人の言動に話題が集中することがあります。

D裁判官：認定司法書士は、私どものように組織の人間としてではなく、それぞれ個人として活動するわけですから、同一には論じられないのでしょうが、それでも司法書士全体のイメージとの絡みがありますので、各人が一般通常人としてのマナーはもちろん法律のプロとしての自覚と行動をとっていただきたいですね。

C書記官：マナーとは関係ありませんが、「被告は原告の主張する事実を否認するが、被告が否認することを否認する。」という原告代理人からの準備書面が出されてきて、考えさせられたことがありました。

D裁判官：禅問答のような準備書面ですね。

C書記官：それで、こちらから内容についての問い合わせをしても、トンチンカンな答えが返って来るので、一般的な訴訟の主張や立証責任のことなどを申し上げようとすると、そんなことは分かっているという態度で、どうにもならなかったですね。

D裁判官：できる人ほど謙虚になるといいますが、そのような態度では困ったものですね。私からも、いろんな機会を捉えて、認定司法書士の方には、「書記官を敵にまわすのではなく、仲良くした方が得ですよ。」と申し上げているのですが……。書記官からの任意の補正依頼は、今後の訴訟進行に大きな影響を持つことになりますし、決してマイナスになることではなく、むしろプラスになることですので有り難いという気持ちで応じていただきたいですね。しかし、以前と比べると、訴状や準備書面の記載は格段に良くなったという感想を持っていますが、中には、要件事実を考慮に入れないで、ただ当事者の言い分だけを羅列した訴状等の記載がみられますし、基本的な主張・立証責任についての理解が不十分と思われるものもありますね。それから、以前は、認定司法書士が代理人となった場合に和解がしにくいということが話題になったりもしましたが、最近は、そうでもなくなったと感じています。以前は、自己の主張にこだわって、和解勧告に従わない代理人もいましたが、相対的には柔軟性がみられるようになったと思っています。東京司法書士会では「和解について」の研修を行っているということを伺ってもいますので、その効果も反映されていることもあるのでしょうね。和解の効用等については、「和解手続編」に記載してありますので、目を通していただければと思います。それでは、少し許可代理人について勉強してみましょう。許可代理人となれる者の資格については法によって限定されていません。しかし、誰でもなれるというものではなく、おのずから限定されることになりますが、どのような人が許可代理人として適当でしょうか？

B事務官：許可代理人となる人は、個人が当事者の場合は、当事者と同居するなどその近くにいて事件の内容等をよく知っている人（夫、妻、成人

の子供等）が適任と思いますし、法人の場合は法務担当者などの事案に詳しい人に限定されるべきだと思います。それから、当然のことですが、事案に応じた知識と能力が必要とされますので、手続追行能力に欠ける者は許可代理人としてふさわしくありませんし、代理人として許可を求める者が非弁活動を業とするような者は当然認められないと思います。

D裁判官：それでは、許可代理人として申請があった者と当事者本人が同一の貸金請求事件の主債務者と連帯保証人の関係にある場合はどうでしょうか？

B事務官：主債務者と連帯保証人とでは、利益相反することになりますので、許可代理人としては不適当だと思います。

D裁判官：そうですね。一般的にはそのようにいえますね。実際の実務において、主債務者から、すべて自分が責任を持つので連帯保証人の許可代理人として認めてほしいという申請がなされることがありますが、許可はしていないのが実情ですね。ただ、逆に連帯保証人が主債務者の許可代理人となりたいという申立てがなされることがありますが、このような場合は、事案によりますが、許可のハードルが若干低くなり、利害が生じないと判断されたときは許可されることもあるようですね。

B事務官：マンション管理組合の管理会社の従業員から代理人として出廷したいという電話を受けたことがありますが、原則として許可はされていないという理解でよろしいでしょうか？

D裁判官：マンションの場合、一定の業務を管理会社に委託していることが多いですね。その業務の中に、管理費等の集金業務が含まれている場合がありますが、「訴訟代理」まで含むと解することは弁護士法72条（非弁護士の法律事務の取扱い等の禁止）や司法書士法73条1項（非司法書士等の取締り）から問題があるとして、実務の大勢は許可しない扱いですね。ただ、事案によっては、事実関係を把握するために、訴訟関係者の同意を得て事実上訴訟に関与することを認める場合はあるようです。

B事務官：それでは、交通事故の事案で、保険会社の担当者が当事者の許可代理人にはなれるのでしょうか？

D裁判官：結論から言いますと、代理許可される例はないと思います。確かに、保険会社の担当者は、契約当事者から事故の状況を詳しく聴取しているし、専門的な知識も持ち合わせているのでしょうが、やはり弁護士法72条、司法書士法73条1項との関係がありますし、代理人には当事者本人と同視できるような人に限定されるという実務の取扱いからしても代理許可はできないでしょうね。ただ、私の場合ですが、保険会社の担当者が当事者と同行して来ている場合は事実上話を伺ったりしますし、和解の席上に同席してもらう場合もあります。その方が事件解決への早道という場合が多いというのが、私の経験則です。ところで、許可代理には、ほかに様々な問題点もありますが、時間の関係もありますので、一応、訴訟代理人についての勉強は終わりにしたいと思います。

8　送達手続

　原告が訴状を裁判所に提出することによって、原告が裁判所との間の訴訟法律関係が成立し、裁判所の裁判長が訴状を審査し、これを適法なものと認めて、訴状副本の被告への送達が行われると、裁判所と両当事者間に訴訟法律関係が成立する。この状態を訴訟係属と呼ぶ。したがって、訴訟係属は、訴状が被告に送達されることによって生じるといえる（伊藤眞著『民事訴訟法［補訂第2版］』181頁）。

　訴訟係属のためには訴状副本の送達が大前提であるように、訴訟関係書類の送達事務は、訴訟を進行するうえでの司法機関の重要な訴訟行為であり、書記官事務の面からみても質、量ともに大きな比重を占めている。また、当事者サイドからみても、相手方に送達がなされなければ訴訟は進行しないのであるから、送達が重要であることに変わりはない。

＊

D裁判官：今日の勉強会は、送達手続についてですが、送達に関する事務は、書記官が取り扱うことになっています（民訴法98条2項、以下、民事訴訟法を「法」と、民事訴訟規則を「規」と略称する。）。ということで、Cさんが今回の勉強会の主役となりますので、よろしくお願いします。まず、送達の意義から述べていただきましょう。

C書記官：送達とは、当事者その他の訴訟関係人に対し、法定の方式に従い、訴訟上の書類を交付してその内容を了知させ、又はこれを交付する機会を与える司法機関の訴訟行為であるといわれています。また、送達の事務には、送達される書類の同一性及び送達実施の証書（送達報告書）を作成し、これを公証することを含んでいます。

D裁判官：送達の意義で述べられたことですが、送達の具体的な目的、送達の効果という観点をもう少し詳しく分析してみましょうか？

C書記官：送達の具体的な目的は、送達を必要とする事項によって異なって

きます。もちろん、一個の送達が常に一個の目的のみに限られるものではありませんが、主な分類方法によりますと、①訴訟上の重要事項の通知を確認する目的、②裁判所の要求を通知する目的、③裁判の効力又は当事者の訴訟行為を完成させる目的、④訴訟上の不変期間進行の開始を明確にする目的に分けられます。

B事務官：代表的な書類で結構ですので、それぞれの目的に合わせて例示していただけませんか？

C書記官：①の訴訟上の重要事項の通知を確認する目的のものとしては、同意を要する場合の取下書（法261条4項）、補助参加申出書（規20条1項）、参加申出書（法47条3項、52条2項）、上告提起通知書（規189条1項）などがあります。②の裁判所の要求を通知する目的のものとしては、期日呼出状（法94条1項）があります。③の裁判の効力又は当事者の訴訟行為を完成させる目的とされる代表的なものは、訴状（法138条1項）があります。その他に反訴状（法146条3項、138条1項）、訴えの変更申立書（法143条3項）控訴状（法289条1項）などがあります。④の訴訟上の不変期間進行の開始を明確にする目的のものとしては、判決書（法255条1項）、仮執行宣言付支払督促（法391条2項）などがあります。なお、送達による書類は、特別の定めがある場合を除いて「当該書類の謄本又は副本」で送達手続を行うのが原則（規40条1項）ですが、副本を送達すべき場合には規則でその旨明示しています（規20条1項、58条1項等）。大雑把な捉え方ですが、当事者が作成して提出する書類についての送達は、副本によるものと考えておけばよいのかなと思います。

B事務官：書類によって送達の目的があることなどを意識せずに、単に「送達」と言っていましたが、今の説明でなんとなく送達にもいろんな意味があることが分かりました。

D裁判官：それでは、送達の効果を説明してもらいましょうか？

C書記官：送達が適式になされると、その目的に従って、一定の訴訟上の効果が生ずることになります。例えば、訴状副本が送達されると、被告との関係で訴訟が係属することになりますし、期日呼出状が送達されれば、不出頭の場合に、一定の不利益が課せられます。また、判決正本が

送達されると、その送達により上訴期間が進行することになります。

B事務官：そして、送達が適式になされると、受送達者が現実に内容を了知したかどうかを問わず送達の効力が発生し、また、その書類を裁判所に返還しても、送達の効力に影響はないということですよね。

D裁判官：そうですね。中には開封せずに送達書類を送り返してくる人もいますが、開封していなくとも送達の効果は発生しますね。ただ、送達報告書が裁判所に戻ってきたとしても、送達の効力が問題になることがありますね。

C書記官：直接受送達者本人に送達がなされれば問題はないのでしょうが、そうでない場合の交付の場所の問題と補充送達受領資格についての問題が生ずると思います。前者としては、送達報告書の記載から受送達者の家族が受領していることが明らかであっても、送達された日のかなり前から家出中だったとか、長期間の行先を転々とする海外旅行中であって家族との音信も途絶えているような状態の場合など、それから、後者として、例えば、アパートなどの同一の建物に住んでいても世帯を異にする居住者同士や同宿の下宿人が受領した場合などには送達の効力が疑問になります。

D裁判官：交付の場所の問題については、受送達者の不在にしている場所がなお住所、居所、営業所又は事務所といえるかどうかということになりますね。一般的には、単に不在期間が長期であるかどうかというだけではなく、受送達者の意思や家族等との相互連絡の可能性等も勘案されなければならないと思います。補充送達が問題になった事例として、東京地裁平成11年12月2日決定（判例タイムズ1029号295頁）は、アパートの隣り合わせに住む実兄が受送達者の部屋に自由に出入りしている状態において、実兄が訴状等を受領したとしても実兄は同居人とはいえず本人に対する送達があったとはいえないとして再審開始の申立を認めています。それから、東京高裁平成21年3月3日決定（判例タイムズ1298号305頁）は、再審請求申立人は、従前からその妻子と別居していて、妻子の居住する送達先において常時居住していたとは認められないが、配達される申立人あての郵便物等の受領を同所に常時居住している妻らに依頼

していて、申立人に対する連絡先として妻子の居住先を指定している状況において、妻子は、申立人と同一世帯の生計を一にする家族であるとまでは認められないとしても、申立人に対する送達場所である送達先の居住者であり、現に申立人あての郵便物等の受領を依頼されていたものであるから、書類受領権限を有する民訴法106条1項の同居者というべきであり、妻に対して本件訴訟関係書類を交付してされた補充送達は、その要件を満たした有効なものというべきであるとしています。ここで基本に戻りますが、送達機関という概念の中には、送達事務取扱者と送達実施機関がありますが、その点の説明をお願いします。

C書記官：送達事務を取り扱う者を送達事務取扱者といい、送達実施機関とは送達事務取扱者の指示に基づいて送達を実施し、かつ、送達報告書を作成する機関です。送達事務取扱者には、①書記官（法98条2項）、②公証人（公証人法57条の2第2項、民事執行規則20条2項）、③執行官（民事執行規則20条3項、5項）、④外国管轄官庁、外国に駐在する日本の大使等（法108条、規45条）などがあります。送達実施機関には、①郵便業務従事者、②書記官、③執行官、④事務官（廷吏）、⑤公証人があります。

B事務官：書記官、公証人、執行官は、送達事務取扱者でもあり、送達実施機関にもなれるということですね。

C書記官：そうですね。書記官は、書記官の所属する裁判所の事件について出頭した者に対し交付送達を行うことができます（法100条）。それから、実務上「付郵便送達」といわれている書留郵便等に付する送達（法107条、以下「付郵便送達」という。）、公示送達（法110条）を行います。公証人は、執行証書正本等を公証人役場において債務者に交付送達を行うことができます（公証人法57条の2第1項、民事執行規則20条3項、5項）。執行官は、所属する地方裁判所の管轄区域内で交付送達を行うことができます（法99条1項）。その他執行証書正本等の交付送達、付郵便送達（公証人法57条の2第1項、民事執行規則20条3項、5項）、公示送達（同規則20条4項、5項）を行うことができます。それから、郵便業務従事者は、郵便法49条の特別送達（以下「特別送達」という。）の方法による交付送達を行い、事務官（廷吏）は、裁判所が執行官を用いることができ

ないとき、その裁判所の所在地で送達する場合に交付送達を行うことができます（裁判所法63条）。

D裁判官：交付送達という言葉がでましたので、送達の方法について復習してみましょう。まず、Bさん、送達の方法をあげてください。

B事務官：①交付送達（法101条、103条）、②出会送達（法105条）、③補充送達（法106条1項、2項）、④差置送達（法106条3項）、⑤書記官送達（法100条）、⑥執行官送達（法99条）、⑦付郵便送達法（107条1項）、⑧公示送達（法111条）などです。でも、これらを単に「送達」と言っていますが……、あまり整理ができていなくて恥ずかしいのですが、何かが違うようで……。

D裁判官：なるほど、「○○送達」という用語は、すべてが同一の観点から使用されてはいないので、分かりにくいのかも知れませんね。①主に送達場所に着目すると「就業場所送達」、「出会送達」、「届出場所における送達」に、②具体的な交付方法に着目すると、「交付送達」、「差置送達」、「補充送達」、「付郵便送達」、「公示送達」に、③送達実施機関に着目すると「書記官送達」、「執行官送達」、「廷吏送達」、「郵便送達」に、④送達受領者に着目すると「補充送達」というグループに分けられますね。したがって、例えば、「不在票に基づいて郵便局窓口に出頭した受送達者の同居者に対する送達」は、①出会送達であり、②交付送達であり、③郵便送達であり、④補充送達であるということになります。このように一つの送達実施手続に複数の用語が使用されることになりますので、実務における現実の送達が、どの点に着目したものなのか意識してみるのも勉強になると思います。それでは、ここからは送達実務の流れにしたがって勉強していきましょう。Bさん、訴状受付の段階で申立人に対して相手方に対する送達の見込みを聞くようにしていますよね？

B事務官：送達の場所の確認と送達の見込みは必ず聞くようにしています。それから念のために相手方の住所等で送達されない場合を考慮して就業場所が分かれば就業場所も聞くようにしています。

D裁判官：Bさんが説明してくれたように、基本的な送達場所は、法103条1項、2項に規定されていて、受送達者の住所、居所、営業所又は事務

所、それから就業場所になります。その送達場所等の確認は受付事務の大切な事項ということになりますね。住所というのは、その者の生活の本拠（民法22条）ということですが、生活の本拠とは、ある人の一般生活関係においてその中心をなす場所ということになります。判例（大決昭和2年5月4日民集6巻219頁）によれば、住所は、その場所を生活関係の中心にしようとする意思と、その意思を実現した事実とが存する場合に成立するとし、この意思は、幼児や事理弁識能力を欠く者にあってはその代理人の意思によって補充されるものとされていますが、意思を必要としないと解する反対説が有力です（『［第2版］我妻・有泉コンメンタール民法―総則・物権・債権―』101頁）。民法23条1項は、住所が知れない場合には、居所を住所とみなすと規定していますが、居所というのは、人（自然人）が多少の期間継続して居住してはいるが、土地との密着度が生活の本拠（住所）といえる程度に達していない場所をいい、法人にはない場所的概念ですね（『［第5版］民法総則〔別冊法学セミナー・基本法コンメンタール〕』78頁）。ところで、訴状副本等の送達の例をとってみますと、最初に被告の住所等に対する特別送達を行いますね。その特別送達が不奏功となった場合に就業場所送達が考えられることになりますが、Cさん、就業場所送達について説明してくれませんか。

C書記官：就業場所というのは、受送達者が雇用、委任その他の法律上の行為に基づき就業する他人の住所等をいいますが、無条件に就業場所送達が許されるわけではなく、受送達者のプライバシーが侵害されるおそれがあるため、第2次的な送達場所といわれます。就業場所を送達場所として選定できる要件があり、①住所等が知れないとき、②住所等において送達するのに支障があるとき、③受送達者が就業場所において送達を受ける旨の申述をしたときのいずれか一つを充足することです。

B事務官：就業場所が分かっていれば最初から就業場所に送達しても良いのにと漠然と考えていましたが、就業場所というのは第2次的な送達場所なのですね。それで最初に住所等に特別送達を試みて、送達がならなかったときに就業場所送達が考えられるということなのですね。

C書記官：そうですね。①の住所等が知れないときという点については、訴

状提出の時点で被告の住所等が不明であって、就業場所だけが判明しているという場合ですので、Bさんが考えていたように、第2次的な送達場所という観念はなくなりますが、実務上多く行われている就業場所送達というのは②の住所等において送達するのに支障があるときという要件に該当する場合ですので、この場合は第2次的な送達場所ということになります。就業場所において補充送達がされた場合には、①送達書類の名称、②書類受領者の氏名、③送達の日時、場所等を受送達者に通知しなければなりません（規43条）。通知の方法は相当な方法による（規4条）ことになりますが、普通郵便による方法が多くとられているようです。

B事務官：通知をする場所は、何処になりますか？

C書記官：記録上、住所等が判明していればその住所等に通知することになりますが、住所等が不明であるとき又は長期不在のため本人に了知される可能性が低いときなどの場合は、当該就業場所に通知するのが相当と解されるようです（裁判所職員総合研修所『民事訴訟関係書類の送達実務の研究』132頁）。

D裁判官：余談になりますが、就業場所送達を行ったことによって、裁判になっていることが会社に知られてしまい、会社を辞めさせられそうになったなどということがないわけではありません。現に法廷で苦情を言われたこともありますので、就業場所送達の難しさというか問題点はそのへんにありますね。次に付郵便送達に入りましょう。付郵便送達は、公示送達とともに、送達実施方法における交付送達の原則（法101条）に対する例外ということになります。付郵便送達とは、Bさんが説明してくれたように、受送達者の住所、居所、営業所又は事務所及び就業場所で送達すべき場合に、その場所で交付送達及び補充送達や差置送達によって送達ができないときに、書記官が法107条1項1号から3号までの区分に応じて実施する送達方法のことですが、ここでは、法107条1項1号のいわゆる「1号付郵便送達」の具体的な流れを捉えてみましょう。

C書記官：訴状副本の送達を例にして説明しますと、最初に受送達者の住所

等に特別送達を実施します。この段階で送達になれば書記官事務としても楽なのですが、不送達となって送達書類が戻されてくる場合も多くあります。不送達の理由には様々なものがありますが、大別すると、「転居先不明」や「あて所に尋ねあたらず」という場合と「保管期間経過」という場合に分けられると思います。

B事務官：「転居先不明」、「あて所に尋ねあたらず」、「保管期間経過」のそれぞれの理由については同一には論じられないということですね。

C書記官：そうです。「転居先不明」や「あて所に尋ねあたらず」というのは、郵便局から名宛人がそこには居ませんという報告を受けたことになりますから、書記官としては、原告に対して、受送達者の住所・居所及び就業場所の調査を依頼し、その結果を踏まえて再送達方法を決めることになります。もっとも、訴状に就業場所の記載があれば、調査を依頼する前に就業場所送達を試みても構わないと思いますが、就業場所送達の趣旨を重視してより慎重に手続を進めるのであれば、原告の調査で①住所等が判明すれば、そこに送達を試み、②調査の結果でも転居先が不明であり、その場合就業場所が判明していれば（調査で判明した場合も）就業場所を試みることになります。③転居先も不明で、就業場所も不明であれば公示送達の申立てを促すことになります。ところで、付郵便送達に戻りますが、1号付郵便の要件は、①法103条の規定による送達をすべき場合に、②法106条の規定による交付送達、補充送達及び差置送達をすることができないことです。ややこしい条文になっていますが、要件の①は送達場所の届出（法104条2項）がなく、送達場所の届出義務がない場合を意味しますので、具体的には被告に対する訴状副本及び第1回弁論期日呼出状の送達の場合が典型例と考えてよいと思います。次に要件②ですが、これは、住所等における送達について、交付送達、補充送達及び差置送達ができなかった場合で、かつ、就業場所が不存在もしくは判明しなかったために送達できなかった場合をいうのですが、この住所等における送達ができなかったという典型例が「保管期間経過」を理由に不送達になった場合と覚えておけばよいと思います。

B事務官：そうすると「転居先不明」や「あて所に尋ねあたらず」という理

由で不送達になったときは公示送達を、「保管期間経過」の場合には付郵便送達を念頭において手続を進めていくということになりますか？

C書記官： そういうことになります。ただ、不送達の理由とその後の原告の調査結果が異なる場合もありますので、その点は注意が必要と思います。なお、「保管期間経過」で不送達になった場合には、簡易裁判所での実務の取扱いとして、先ほど述べた就業場所送達を試みる前（就業場所が判明しない場合も含めて）に、住所等に宛てて休日指定での再度の特別送達を試みる場合があります。また、就業場所が判明しない場合には、再度の特別送達を試みることなく付郵便送達手続に移る場合があります。1回だけしか特別送達を試みないのかという疑問もあると思いますが、この場合でも実質的には受送達者には3度の受領機会が与えられています。1度目は郵便業務従事者が配達に赴き、不在の場合には、郵便局で保管しておく旨の書面（不在通知）を差し入れておいて2度目の受領機会を与え、3度目は保管期間が満了した日の翌日に再度配達に赴きます。それでも不送達になるのですから、再度特別送達を試みても不送達の可能性は高く、再度の特別送達によって原告が負担する送達費用もかさんでくることになります。ちなみに、特別送達費用は重量50グラムまでは1,050円になりますが、送達書類が多くなればその分料金が高くなってきます。ところで、付郵便送達を実施するには、相応な資料が必要とされますので、原告に被告の所在等の調査を依頼することになります。調査報告書の記載例を示しますと、就業場所の調査も兼ね備えた次のようなものになります。

事件の表示　平成　　年第　　　号

調 査 報 告 書

○○裁判所御中
平成　　年　　月　　日

　　　　　　　　　　　　　　　報告者（原告）＿＿＿＿＿＿＿＿　印

1　住所・居所について
　(1)　調査日時　平成　　年　　月　　日（　）午　　時
　(2)　調査者＿＿＿＿＿＿＿＿（原告との関係・　　　）
　(3)　調査場所＿＿＿＿＿＿＿＿＿＿＿＿＿＿＿＿＿＿＿＿＿＿＿
　(4)　調査方法　上記記載の実地に赴き、次の調査を行った。
　(5)　調査内容
　　　□　近隣者からの聴取内容
　　　ア　氏名（　　　　　　）
　　　　　住所・電話番号（　　　　　　　　　　　　）
　　　　　聴取内容＿＿＿＿＿＿＿＿＿＿＿＿＿＿＿＿＿＿＿＿＿＿＿
　　　　　＿＿＿＿＿＿＿＿＿＿＿＿＿＿＿＿＿＿＿＿＿＿＿＿＿＿＿
　　　イ　氏名（　　　　　　）
　　　　　住所・電話番号（　　　　　　　　　　　　）
　　　　　聴取内容＿＿＿＿＿＿＿＿＿＿＿＿＿＿＿＿＿＿＿＿＿＿＿
　　　　　＿＿＿＿＿＿＿＿＿＿＿＿＿＿＿＿＿＿＿＿＿＿＿＿＿＿＿

　　　□　建物・部屋の外観（表札・洗濯物等）
表札の氏名（　）
洗濯物の状況（　）
　　　□　別紙添付の写真のとおり
　　　□　ガス・電気等の使用状況（メーターの稼働状況）
　　　□　郵便物の受取状況（被告宛の郵便物がポストにあった等）
　　　　ポストの氏名の記載（　　　　　　　　）
　　　　郵便物の名宛・受取状況等（　　　　　　）
　　　□　別紙添付の写真のとおり
2　就業場所について
　(1)　調査日時　平成　　年　　月　　日（　）午　　時
　(2)　調査者＿＿＿＿＿＿＿＿（原告との関係・　　　）
　(3)　調査場所＿＿＿＿＿＿＿＿＿＿＿＿＿＿＿＿＿＿＿＿＿＿＿
　(4)　調査方法
　　　□　上記記載の実地に赴き、次の調査を行った。
　　　□　電話により、次の事項を聴取した。
（電話の相手方・）
　　　□　通常の調査を行ったものの判明しなかった。
　　　□　その他

調査報告書には、この例のように、調査者、日時、場所、調査内容等が記載されたもので、調査内容も客観性のあるものでなければなりませんし、写真や住民票等の添付もお願いしています。このような調査報告書の提出を受け、その調査報告書を審査したうえで付郵便送達手続に入ることになります。

B事務官：付郵便送達をなした場合も、受送達者に通知しなければならないということですね。

C書記官：付郵便により発送した場合には、発送の時に送達があったものとみなされますので、規則44条では、書留郵便に付する送達をした旨及び当該書類については書留郵便に付して発送した時に送達があったものとみなされることを通知しなければならないとしています。

B事務官：ところで、就業場所に付郵便送達はできますか？

C書記官：原則として就業場所に付郵便送達はできません。就業場所は、そもそも2次的な送達場所ですし、また、プライバシー保護の観点から補充送達受領資格者に差置送達をすることはできないとされる場所でもありますので、就業場所を送達場所として届出がなされている場合（法104条2項）に限ってのみ付郵便送達ができることになります。ですから、就業場所に対する付郵便送達は送達場所の届出が前提となりますので、例えば訴状副本の送達をこの方法によることはないということになります。

D裁判官：現行の民事訴訟法は平成10年1月1日から施行されましたが、旧民事訴訟法の送達関係の規定も見直したという経緯があり、送達事務という観点からみると、旧法時代よりは簡便になった部分があり、訴訟の進行もスムーズになったといえると思います。それでも、今日の情報化社会において、裁判所からの送達書類については、受領しない方が身のためだというような風潮があって、なかなか送達が思うようにいかないものがあるのは確かですね。この点についてはある程度、付郵便送達でカバーできるようになったのではないかと考えています。ところで、「転居先不明」や「あて所に尋ねあたらず」という場合で、調査の結果でも住所等が判明しなかったときには、公示送達という流れになります

ね。Cさん、公示送達の要件等を簡単に説明してください。

C書記官：公示送達とは、書記官が送達書類を保管し、受送達者が出頭すればいつでもこれを交付する旨を裁判所の掲示場に掲示して行う送達ですが、その要件は法110条に規定されています。①当事者の住所、居所その他送達すべき場所が知れない場合（1項1号）。「知れない」というのは、単に公示送達の申立人が知らないだけではなく、通常の調査方法を行っても判明しないという客観的なものでなければなりません。②法107条1項の規定により送達することができない場合（1項2号）。この場合というのは、住所等が不明でも、就業場所が判明している場合で、就業場所送達を試みたが、不在あるいは補充送達受領資格者の受領拒絶により、送達が不奏功になった場合と就業場所送達がいったん奏功したので、2回目以降の当該あて先に対する就業場所送達を行ったが不奏功になった場合のことをいいます。③法108条の規定によることができない場合（1項3号）。この3号の規定は前段と後段に分けることができますが、前段は、外国との間に国際司法共助の取決めがなく、管轄官庁が嘱託に応じない場合や、当該外国に日本の大使等が駐在しない場合等をいいます。後段は、外国における送達は可能ですが、当該外国において、大地震等の天変地異や戦乱、革命等が起こり、嘱託しても送達不能が見込まれる場合や外国に送達の嘱託はしたが、所在不明による場合も含めて何らかの理由で送達ができなかった場合のことをいいます。④法108条の規定により嘱託をしたが、6か月を経過してもその送達を証する書面の送付がない場合（1項4号）。このような場合は、送達を実施できる見込みがほとんどないとみなされるためです。

B事務官：公示送達の効力の発生時期は、最初の場合、裁判所の掲示場に掲示を始めた日から2週間の経過で、2回目からは掲示を始めた日の翌日に送達の効力が生じ（法112条1項）、外国においてすべき公示送達については6週間の経過により効力が生じるということですね（同条2項）。

D裁判官：そうですね。期間の計算は、民法の原則に従うことになりますので、初日は算入しません（法95条1項、民法140条本文）。公示送達の効力は、効力発生の日の午前零時に発生しますので、送達によって控訴期間

などの不服申立期間等が定まる場合は、公示送達の効力発生の日がその法定期間の第１日として計算されること（民法140条ただし書）に注意する必要がありますね。分かりやすく例をとってみますと、12月15日に掲示した場合、２週間の末日は12月29日になりますが、法95条３項の適用によって、「期間は、その翌日に満了する。」となりますので、翌年の１月４日（その日が土曜日、日曜日でない場合）の経過で満了となり、１月５日の午前零時に送達の効力が発生することになります。したがって控訴期間の計算の初日は１月５日ということになります。ところで、公示送達の申立てがあったときは、申立人から提出される証明資料はどのようなものが考えられますか？

C書記官：申立人に提出してもらうものとして、①住民票写し、②戸籍の附票謄本、③市町村の住民登録がない旨の証明書、④外国人登録原票記載事項証明書、⑤警察署長の捜索願届出済証明書、⑥弁護士法23条の２による照会書及びその回答書、⑦民生委員、近隣者や近親者の不在を証する陳述書、⑧申立人又はその補助者の調査報告書などが考えられます。また、職権調査として、警察署に所在調査を依頼する場合もあります。

D裁判官：公示送達は、受送達者に送達書類の交付を受ける機会を与えるだけで送達を完了させ、実際に受送達者が送達書類を受領したか否かを問わず、掲示後一定期間経過後に送達の効力を発生させるものですから、公示送達の要件については相当慎重に判断する必要がありますし、その認定は相当な資料に基づいてなされなければなりませんね。大阪地裁平成21年２月27日判決（判例タイムズ1302号286頁）は、訴状記載の住所地に居住していた可能性も否定できなかったと言わざるを得ず、公示送達の要件についての証明が十分でなかったというべきであるとの理由で、原審における訴状等の公示送達による送達が無効であるとして、原審に差し戻しています。また、余談になりますが、過去に公示送達を悪用した貸金業者がいたという事実を忘れてはならないと思います。この業者は詐欺で実刑判決を受けておりますが、悪用を早い段階で察知することができなかった点については反省材料になると思います。ところで、送達に関する研究だけでも一冊の本ができるくらいですし、現に書記官実務

研究報告書第3号として、民事訴訟関係書類の送達実務の研究というすばらしい本が、裁判所職員総合研究所から出ていますので、大変参考になります。詳しい点については、この本に依ることにして送達事務の勉強はここまでにしましょう。次回はどうしますか？

C書記官：知り合いの司法書士の方から督促手続の流れ等についての知識を付与してもらいたいという話を受けたことがありますので、次回は督促手続についていかがでしょうか？

B事務官：支払督促事務を担当したことがありませんので、基本的な事務手続から教えていただければありがたいのですが。

9 督促手続

　平成10年1月1日に施行された現民事訴訟法では、第7編（382条から402条まで）に、督促手続を規定している。旧法下では名称が「支払命令」であり、簡易裁判所の裁判官の権限とされていたが、現法においては、名称を「支払督促」とされ、権限も簡易裁判所の書記官のものとされた。

　支払督促は、債権者の申立てに基づき、債務者に金銭その他の代替物又は有価証券の一定の数量の支払等をするように督促する旨の書記官の処分をいう。支払督促手続は、訴訟手続に依らなくとも早期に債務名義を取得できることになるので、うたい文句は「簡単・迅速・安価」ということになろうか。

　支払督促の全簡易裁判所における平成12年度から平成23年度までの新受件数を表にすると次のようになる。

（全簡易裁判所における新受件数）

平成12年	平成13年	平成14年	平成15年	平成16年	平成17年
573,366	559,240	519,969	530,468	504,283	474,440
平成18年	平成19年	平成20年	平成21年	平成22年	平成23年
440,392	364,665	398,230	420,196	351,451	329,114

　また、8高裁管内別の平成21年度と平成23年度の新受件数を表にすると次のようになる。

(8高裁管内別の平成21年度と平成22年度の新受件数)

	東　京	大　阪	名古屋	広　島	福　岡	仙　台	札　幌	高　松
21年	182,736	51,782	38,956	24,321	53,815	35,256	21,350	11,980
22年	184,720	41,203	26,407	16,135	33,780	24,446	14,691	10,069
23年	186,703	42,118	23,510	13,177	33,570	11,378	12,105	6,553

　上記の表から分かるとおり、全簡易裁判所における新受件数は、平成12年度をピークに減少の傾向にあり、平成21年度に若干持ち直したが、平成22年度で減少し、平成23年度は、平成12年度からの統計上、最も少ない新受件数となっている。ちなみに平成23年度は平成21年度から9万1,082件の減少である。

　また、高裁管内別の新受件数からみてみると、東京高裁管内のみ、平成23年度が平成21年度より増加しているが、他の高裁管内はすべて減少している。減少数が一番多かったのは、仙台高裁管内の2万3,878件となっている。

　なお、東京高裁管内の新受件数が多いのは、東京簡易裁判所において、督促手続オンラインシステム（以下「督オンシステム」という。）が実施されているということも理由に挙げられるであろう。

　支払督促の減少と同様に民事調停事件も減少しており、民事調停事件の新受件数は、平成12年度は31万5,577件だったのが、平成23年度は6万3,009件となっている。支払督促と民事調停事件の減少している反面、簡易裁判所の民事通常訴訟は、平成12年度に29万7,261件だったのが、平成23年度では52万2,639件となっており、地方裁判所の民事通常訴訟は、平成12年度に15万6,850件だったのが、平成23年度では19万6,367件となっている。また、少額訴訟では平成12年度に1万1,128件だったのが、平成23年度では1万7,844件となっていて、いずれも大きく増加している。民事通常事件の増加を考慮した場合、支払督促と民事調停事件の減少について詳しい分析はなされていないが、支払督促と民事調停事件が減少したからといって、民事紛争が少なくなったというものではないようである。

　ところで、督オンシステムは、平成18年9月1日から東京地方裁判所管内の各簡易裁判所の管轄に属する事件を対象として運用が開始され、平成19年

2月1日から大阪地方裁判所管内の各簡易裁判所の管轄に属する事件に、同年11月1日から東京高等裁判所管内の各簡易裁判所の管轄に属する事件に対象を拡張し、次第に運用の範囲が広がり、平成23年4月現在では、全国の各簡易裁判所の管轄に属する事件を対象として運用されるようになった。

督オンシステムとは、支払督促事件のうち定型的処理が可能なものについて、インターネットを利用して申立てや照会等の手続を行うことができるシステムで（民事訴訟法132条の10、以下、民事訴訟法を「法」と、民事訴訟規則を「規」と略称する。）、このシステムを取り扱う簡易裁判所は東京簡易裁判所が指定されている（民事訴訟法第132条の10第1項に規定する電子情報処理組織を用いて取り扱う督促手続に関する規則1条1項）。具体的に例をあげれば、横浜簡易裁判所の書記官に対して申立てるべき支払督促の申立てについて、督オンシステムによる場合には、東京簡易裁判所の書記官に対して申立てることができるということになる。そして、この場合、債権者は、申立手数料及び郵便料金はインターネットバンキング等を用いて納めることができることになる。

＊

D裁判官： 今日は、支払督促の勉強になりますが、支払督促も送達手続事務同様に書記官の権限になりますので、今回もCさんが主役になりますね。それでは早速、支払督促の概要を簡単に説明していただきましょう。

C書記官： 簡単に言いますと、①金銭の支払又は有価証券若しくは代替物の引渡しを求める場合に限ります。②督オンシステムを除いて、相手方の住所地を管轄する簡易裁判所の書記官に申立てます。③書類審査のみなので、訴訟の場合のように審理のために裁判所に来る必要はありません。④手数料は、訴訟の場合の半額となります。⑤債務者が支払督促に対し異議を申立てると、請求額に応じて（140万円を超えるかどうかによって）、地方裁判所又は簡易裁判所の民事訴訟手続に移行します。

D裁判官： 概要が分かったところで、個別に検討していきましょう。なお、督オンシステムについては、実務の実情として、主に信販会社等が利用していることなどもありますので、ここでは一般的な手続についてという前提で進めることにしましょう。まず、申立手続についてですが、B

さん、ファクシミリによる申立てはできますか？

B事務官：支払督促申立書は、手数料を納付しなければならない申立てに係る書面ですので、ファクシミリによる申立てはできません。

D裁判官：申立書の具体的な記載事項はどうなりますか？

B事務官：訴状と同じ記載になりますので、当事者及び法定代理人と請求の趣旨及び原因を記載しなければなりません（法133条2項）。具体的には、当事者の住所（法人の場合は本店所在地、主たる事務所の所在地）、郵便番号、氏名（商号、名称）、電話番号、FAX番号、それから債権者の送達場所の届出（規41条1項、2項）の記載を、法定代理人がいる場合には、その住所、郵便番号、資格、氏名、電話番号、FAX番号を記載します。債権者代理人による場合には、代理人の住所等、資格、氏名も記載することになります。請求の趣旨も、訴状と同じになりますが、「支払督促」を求める旨の表示が必要になります。請求の原因は、訴訟物の特定に必要な事実を記載することになります。

D裁判官：記載事項は訴状を念頭においておけばよいということになりますが、請求の原因で注意しなければならない点がありますね。簡易裁判所に対する訴えの提起においては、請求の原因に代えて紛争の要点を明らかにすれば足りる（法272条）ことになりますが、督促手続は、簡易迅速に債権者に債務名義を取得させるという性質上、申立時に請求が特定されている必要があることから、法272条は準用されません。それから、実務上は、債務者が不服の有無を判断しやすいように、支払済みの額や、最後に支払った日、債権譲渡等の承継の事実等の記載も要求されているのではないでしょうか。また、請求の目的が手形金又は小切手金の請求であって、債務者が督促異議を申立てたときに手形訴訟又は小切手訴訟による審理及び裁判を求めるものである場合には、その旨を申立書に記載する（法366条1項、367条2項）ことになりますね。続いて、付属書類の提出として考えられるものはどのようなものがありますか？

B事務官：①委任による代理人申立てのときには、「代理委任状」、②会社その他の法人が当事者のときには、「代表者事項証明書等の登記事項証明書」、③当事者が未成年者のときには、法定代理権を証するため「戸籍

謄（抄）本」、④当事者が成年被後見人のときには、法定代理権を証するため「登記事項証明書、審判書謄本等」、⑤当事者が被保佐人のときには、訴訟能力を証するため「保佐人の同意書及び登記事項証明書、審判書謄本等」、⑥手形訴訟又は小切手訴訟による審理及び裁判を求める申述があったときには、「手形又は小切手の写し」。以上のようなものが考えられます。

D裁判官：そうですね。Bさんが挙げてくれたような付属書類が申立書提出時に必要ということになります。ところで、申立手数料は、訴訟の場合の半額となりますが、手数料額早見表があるようですので、Cさん、参考のために表を示してくれませんか？

C書記官：訴額1,000万円までの分の手数料額早見表は別紙のようになります。訴えの提起が基本となりますので、「訴えの提起」、「支払督促の申立て」、「借地非訟事件の申立て」、「民事調停の申立て、労働審判手続の申立て」、「控訴の提起」、「上告の提起」まで載せてあります。

B事務官：この表があるので、受付の際助かっています。

D裁判官：ついでに郵便切手等のことも説明してください。

C書記官：債務者（支払督促正本を送る債務者）の人数×特別送達用1,050円分の切手（定形封筒使用で重量50グラムまでの場合）を納めてもらいますが、使用する封筒や重量によって切手の額が変わりますので、申立てを行う簡易裁判所に確認をする必要があると思います。それから、債権者に対して、支払督促発付通知をするための80円分の切手と債務者が支払督促正本を受け取ったかどうかの通知をするための連絡用ハガキ（債権者の送達場所、氏名を記載したもの。）を提出してもらうことになります。

D裁判官：これもついでにお聞きしますが、事件記録の符合はなんでしょうか？

C書記官：民事事件記録符合規程別表により「ロ」となります。

D裁判官：それから、支払督促申立てによって何らかの効力が生じることになりますが、具体的に生じる効力を説明してください。

C書記官：訴訟法上の効力と実体法上の効力があります。訴訟法上の効力としては、支払督促申立てにより二重起訴禁止の効力が生じます（法142

9 督促手続

手数料額早見表（単位：円）

手数料＼訴額等	訴えの提起	支払督促の申立て	借地非訟事件の申立て	民事調停の申立て、労働審判手続の申立て	控訴の提起	上告の提起
10万まで	1,000	500	400	500	1,500	2,000
20万	2,000	1,000	800	1,000	3,000	4,000
30万	3,000	1,500	1,200	1,500	4,500	6,000
40万	4,000	2,000	1,600	2,000	6,000	8,000
50万	5,000	2,500	2,000	2,500	7,500	10,000
60万	6,000	3,000	2,400	3,000	9,000	12,000
70万	7,000	3,500	2,800	3,500	10,500	14,000
80万	8,000	4,000	3,200	4,000	12,000	16,000
90万	9,000	4,500	3,600	4,500	13,500	18,000
100万	10,000	5,000	4,000	5,000	15,000	20,000
120万	11,000	5,500	4,400	5,500	16,500	22,000
140万	12,000	6,000	4,800	6,000	18,000	24,000
160万	13,000	6,500	5,200	6,500	19,500	26,000
180万	14,000	7,000	5,600	7,000	21,000	28,000
200万	15,000	7,500	6,000	7,500	22,500	30,000
220万	16,000	8,000	6,400	8,000	24,000	32,000
240万	17,000	8,500	6,800	8,500	25,500	34,000
260万	18,000	9,000	7,200	9,000	27,000	36,000
280万	19,000	9,500	7,600	9,500	28,500	38,000
300万	20,000	10,000	8,000	10,000	30,000	40,000
320万	21,000	10,500	8,400	10,500	31,500	42,000
340万	22,000	11,000	8,800	11,000	33,000	44,000
360万	23,000	11,500	9,200	11,500	34,500	46,000
380万	24,000	12,000	9,600	12,000	36,000	48,000
400万	25,000	12,500	10,000	12,500	37,500	50,000
420万	26,000	13,000	10,400	13,000	39,000	52,000
440万	27,000	13,500	10,800	13,500	40,500	54,000
460万	28,000	14,000	11,200	14,000	42,000	56,000
480万	29,000	14,500	11,600	14,500	43,500	58,000
500万	30,000	15,000	12,000	15,000	45,000	60,000
550万	32,000	16,000	12,800	16,000	48,000	64,000
600万	34,000	17,000	13,600	17,000	51,000	68,000
650万	36,000	18,000	14,400	18,000	54,000	72,000
700万	38,000	19,000	15,200	19,000	57,000	76,000
750万	40,000	20,000	16,000	20,000	60,000	80,000
800万	42,000	21,000	16,800	21,000	63,000	84,000
850万	44,000	22,000	17,600	22,000	66,000	88,000
900万	46,000	23,000	18,400	23,000	69,000	92,000
950万	48,000	24,000	19,200	24,000	72,000	96,000
1,000万	50,000	25,000	20,000	25,000	75,000	100,000

条）し、実体法上の効力としては、時効中断の効力が生じます（法147条、民法147条1項）。ただし、法定の期間内に仮執行宣言の申立てをしなかったため、支払督促が失効したとき（法392条）には、時効中断の効力は生じなかったことになります（民法150条）。

B事務官：支払督促を申立てる場合、数個の請求を併合して申立てることはできますか？

C書記官：各請求について併合の要件を備えていれば可能になりますが、主観的併合（共同訴訟）の場合は、法38条の共同訴訟の要件を備えているだけではなく、更に各請求について申立先が共通している場合に限られることになります。具体的にいえば、Aという債務者とBという債務者に対して、一通の申立書によって支払督促をする場合、法38条の「目的である権利又は義務が数人について共通であるとき、又は同一の事実上及び法律上の原因に基づくとき」という要件とAとBの所在地が同じ管轄の簡易裁判所でなければならないということです。なお、別々に申立てられた支払督促を併合するというような後発的な併合は、支払督促の性質上から許されていません。

B事務官：主観的併合の場合、請求する内容に共通の原因があったとしても、例えば貸金請求において、主債務者のAの住所地が横浜で、連帯保証人のBの住所地が神戸というような場合は、AとBを併合して同一の簡易裁判所には申立てられないということですね？

C書記官：そういうことになります。

D裁判官：支払督促申立てがあった場合、発付前に申立書の審査を行うことになりますが、法386条1項によれば、「支払督促は、債務者を審尋しないで発する。」とありますので、審査の対象になるのは申立書のみになります。審査の内容は、形式的要件と実質的要件の双方について行うことになりますが、審査の上、申立書に不備があれば、任意の補正を促し、また、却下事由にあたる場合には、補正処分や却下処分を検討することになりますが、その却下事由として考えられるものを挙げてみてください。

C書記官：却下事由として考えられるのは、①支払督促申立書に不備があっ

た場合と②支払督促の申立てが不適法な場合又は申立ての趣旨から請求に理由がないことが明らかな場合があります。①支払督促申立書に不備があった場合というのは、申立書に当事者や代表者、請求の趣旨等の必要的記載事項が記載されていないときや不明確なとき、それから、申立手数料として、適正額の収入印紙が貼付されていないときなどをいいます。②支払督促の申立てが不適法な場合又は申立ての趣旨から請求に理由がないことが明らかな場合というのは、当事者能力の欠缺や訴訟能力、法定代理権、訴訟代理権の欠缺、二重申立て、申立先違いなどの一般の訴訟要件を欠くとき、給付の目的物に関する制限に反するときや債務者に対する送達の場所が日本国内に存在しないとき又は公示送達以外の方法では送達できないことが明らかなときなど督促手続の特別要件（法382条、385条1項）を欠くときをいいます。

D裁判官：却下の事案ではありませんが、NHKの放送受信契約による受信料請求に関して、札幌簡易裁判所が支払督促を発したところ、被告から異議申立てがあり、その判決が札幌地方裁判所から平成22年3月19日に出されていますので紹介します。その内容は、妻が夫に無断で、夫名義で放送受信契約を締結し、原告（NHK）が、夫である被告に対して放送受信料を請求した事案について、放送受信契約には民法761条（日常家事債務）が適用されないとして、同契約に基づく受信料請求が棄却されています。この判決は、民法761条（日常家事債務）の勉強にもなりますので、是非読んでおいてください（判例タイムズ1329号155頁、判例時報2073号98頁）。

B事務官：興味のあるところですので、判決の内容をゆっくり読ませてもらいます。ところで、申立書の審査を経て、問題がなければ支払督促を発付するということになりますね。債務者に対しては、支払督促正本を送達しますが、債権者には送達しないのでしょうか？

C書記官：債権者には、支払督促発付通知をします（規234条2項）が、支払督促正本を送達することはしません。債権者は、支払督促の内容を知っているので、発付されたことを通知すれば、その後の手続を進めることが可能ということから通知で足りるとされたようです。ちなみに、債務

者に対して送達するというのは、仮執行宣言前の督促異議申立ての期間（法391条1項）を明らかにし、仮執行宣言の申立てが法定期間内（法391条1項、392条）かどうかを確定するための重要な意味を持っているからです。

B事務官：分かりました。支払督促発付通知用の80円分の切手が必要という先ほどの説明も理解しました。ところで、債務者に送達できなかった場合は、「送達手続編」で勉強したような手続を進めるという理解でよろしいのでしょうね？

C書記官：基本的にはそうなります。しかし、調査の結果、債務者の住所が支払督促を申立てる前から管轄外にあった場合や所在不明という場合には、支払督促の要件が欠けることになりますので、訴訟のように手続を進めるということはできません。それから、債務者に対する支払督促正本の送達ができなかったことの通知を債権者が受け取った日から2か月の不変期間内に新たに送達すべき場所の届出をしないときは、支払督促の申立てを取下げたものとみなされます（法388条3項）。

D裁判官：支払督促正本が債務者に送達され、債務者から2週間以内に異議申立てがなければ、債権者は仮執行宣言の申立てをすることになりますが、異議申立てについては、仮執行宣言後の異議申立てと一緒に進めることにして、仮執行宣言手続について入りましょう。

　その前に、簡単に仮執行宣言手続前までの支払督促手続の流れを図示してくれませんか。

C書記官：簡単に図示しますとこのようになります。

①（債権者）申立書提出 ⇒ ②（裁判所）受理・審査・支払督促発付 ⇒ ③債務者：支払督促正本受領→異議申立書提出→訴訟手続へ移行 ⇒ ③債権者：支払督促発付通知受領→仮執行宣言申立書提出（債務者が正本を受領してから2週間経過後30日以内）

D裁判官：Cさんが図示してくれたように、債務者が支払督促正本を受領してから2週間を経過すると、債権者は、仮執行宣言の申立てができます

ね。この仮執行宣言というものはどのような性質を持つものですか？

C書記官： 仮執行宣言は、支払督促に執行力を付与する書記官の処分です。仮執行宣言を付した支払督促は、債務者に送達されることにより、確定を待たずに執行力を生じ、債務名義となりますので、重要な意味を持ちます。

D裁判官： それでは、仮執行宣言の申立てに入りましょう。まず手数料などのことについて説明してください。

C書記官： 手数料は不要です。ファクシミリによる申立てが可能かどうかという問題があり、可能と考える立場もあるようですが、手数料が不要でも、仮執行宣言付支払督促正本の送達費用（郵便切手）を添付する必要があること、仮執行宣言申立ては支払督促の終了事由とも関連するものであることなどから、規則3条1項2号の訴訟手続の開始をさせる書面に準ずるものとして、ファクシミリを利用して提出することは認められないという考えで実務は運用されているのではないでしょうか。それから、仮執行宣言申立ての範囲ですが、支払督促による請求の全部に対してできることは当然ですが、数個の請求の一部又は一個の請求の一部分についても申立てをすることができます。

B事務官： 仮執行宣言の発付というのは具体的にどのような形式になるのですか？

C書記官： 債権者による仮執行宣言の申立てが適法であって、事件記録によって支払督促正本の送達報告書を調査した結果、仮執行宣言の要件が認められるときは、仮執行宣言を発付しますが、その方式は、支払督促の原本に手続費用額を付記して、仮執行の宣言文を記載することになります（法391条）。

（基本的な文例）

> 前記金額及び本手続の費用金〇〇円につき、仮に執行することができる。
> 　　　　　平成〇年〇月〇日
> 　　　　　　〇〇簡易裁判所
> 　　　　　　　　裁判所書記官　〇　〇　〇　〇　印

附帯請求が「支払督促送達の日の翌日から」と記載されているときは、「及び本手続きの費用」という記載の前に、「前記金額（支払督促送達の日の翌日は平成○年○月○日）」と記載し、また、支払督促の一部に仮執行宣言をする場合は、「前記支払督促に記載した金額のうち金○○円及びこれに対する平成○年○月○日から支払済まで年○パーセントの割合による金額」と記載することになります。

B事務官：仮執行宣言がなされると、当然、債務者に仮執行宣言付支払督促正本を送達しなければならないのでしょうが、債権者に対してはどうなのでしょうか？

C書記官：仮執行宣言付支払督促は債務名義となりますので、債権者にも送達する必要がありますが、債権者の同意があるときは、送付をもって送達に代えることができます（法391条2項ただし書）。この同意は、仮執行宣言申立てのときにする必要があります（規235条2項）。仮執行宣言は、仮執行宣言付支払督促正本が債務者に送達になったときに効力を生じます（法391条5項、388条2項）。この場合の送達については、支払督促の送達と異なり、公示送達によることもできます。

D裁判官：ここで、異議申立てに入る前に、督促手続の終了事由について学んでおきましょう。Cさん、終了事由を挙げてください。

C書記官：①支払督促申立て却下処分の確定（法385条）、②仮執行宣言付支払督促の確定（法396条）、③支払督促申立ての取下げ（法384条、261条1項）、④支払督促申立ての取下擬制（法388条3項）、⑤支払督促の失効（法392条）、⑥督促異議による訴訟手続への移行（法395条）があります。

D裁判官：それぞれの終了事由の内容については、条文等にあたってもらうことにして、異議申立てに入りましょう。督促異議の申立ては、債務者に与えられた支払督促に対する唯一の不服申立方法ということになります。督促異議の目的は、債務者に、仮執行宣言の前後を問わず、督促手続を排除して、通常手続による審理及び裁判を求めることを保障するところにありますが、仮執行の宣言が付される前後によって、仮執行宣言前の督促異議（法390条）と仮執行宣言後の督促異議（法393条）とに区別されます。異議申立期間は、いずれも2週間ということになります

が、異議申立書には特別な記載要件が定められていますか？
C書記官：法文上の特別の定めはありません。支払督促に異議がある旨と事件番号、当事者名、年月日、裁判所名、送達を受けるべき場所を記載して、債務者又は代理人が記名押印すればよいことになります。しかし、実務上、支払督促正本や仮執行宣言付支払督促正本を債務者に送達する際に、それぞれ異議申立用紙を同封していますので、その用紙が使用される例が多いのが実情です。
B事務官：異議申立てがなされると、自動的に訴訟手続に移行することになるのですね？
C書記官：そうです。適法な異議申立てがあると、支払督促の申立ての時に、支払督促を発した書記官の所属する簡易裁判所、請求する金額が140万円を超えるものについてはその所在地を管轄する地方裁判所に訴えの提起があったものとみなされます（法395条）。ここで注意を要するのは、簡易裁判所、地方裁判所のどちらに係属するのかについては、請求金額が140万円を超えるかどうかということですが、その請求金額には、利息、遅延損害金、申立手続費用は入らないということです。それから、督促手続費用は、訴訟費用の一部になるということです。
B事務官：話が戻ってしまいますが、仮執行宣言付支払督促は、確定を待たずに執行力を生じることになるということでしたね？そうすると、債務者は異議申立期間内でも強制執行されてしまうことにもなりますが、こういう場合、債務者はどうすればよいのでしょうか？
C書記官：債務者は、仮執行宣言付支払督促正本が送達されてから２週間以内に異議申立てができますが、異議申立てをしただけでは強制執行を止めることはできませんので、強制執行を止めるためには、異議申立てと別に執行停止の裁判を求める必要があります。
B事務官：そうすると、仮執行宣言付支払督促異議というのはあまり意味のないものとなるのでしょうか？
C書記官：そうとも言い切れないと思います。実務的には、仮執行宣言付支払督促異議というものは多くありますし、異議の内容も、債権者の請求を認めて分割支払を希望するというのがほとんどです。請求されている

内容そのものに争いがある場合には、ほとんどが支払督促の段階で異議が出ているというのが実情ということと、債権者が仮執行宣言付支払督促の確定前に強制執行の申立てをしてくるという例もあまりないということもありますので。

B事務官：そうですか。実務の実情が分かってスッキリしました。債務者に対して、仮執行宣言付支払督促正本が送達なされて、2週間以内に異議の申立てがなければ、支払督促は確定して、判決と同一の効力を有することになる（法396条）ということですね。

D裁判官：そのとおりですね。ところで、異議申立てがなされると、債権者から民事訴訟費用等に関する法律3条2項所定の不足分の印紙を追納してもらうことになりますが、任意に印紙を追納しなかった場合は、補正命令が出されます。その補正命令にも応じない場合には、訴えが却下されることになりますが、仮執行宣言付支払督促異議の場合は、仮執行宣言も取り消されることになります。参考のために仮執行宣言付支払督促異議の場合の却下の主文を挙げておきます（参考・東京地裁平成17年7月20日判決）。

1　本件訴えはこれを却下する。
2　本件につき○○簡易裁判所平成○年(ロ)第○○○号事件の仮執行宣言付支払督促を取り消す。
3　訴訟費用は原告の負担とする。

B事務官：訴えを却下するということは、支払督促そのものが失効してしまうという理解でよろしいのでしょうか？

D裁判官：それで正解です。それでは、債務者は、督促異議申立てを取下げることができるでしょうか？

C書記官：督促異議申立ての取下げについては、仮執行宣言の前後を問わず、第一審の終局判決があるまでは許されるとされています。仮執行宣言前の督促異議申立ての取下げについては、訴訟手続に移行した以上、訴訟手続の終了原因ではない督促異議申立ての取下げによって訴訟を終了させることはできないとする考えもあるようですが、実務上は、債権者に利益であることから、許されるという考えがとられています。

B事務官：督促異議申立ての取下げに債権者（原告）の同意は必要ないのでしょうか？

C書記官：仮執行宣言の前後を問わず、同意は不要になります。同意を要しないために、債務者（被告）から取下書が裁判所に提出されたとき、あるいは口頭弁論期日等で申述がなされたときに取下げの効力を生じることになります。

B事務官：取下げの効力を生じるということは、訴訟手続終了の効果を生じるということでよろしいのですね？ところで、異議申立ての取下げが仮執行宣言の前か後かによって、その後の手続は違ってくるのでしょうか？

C書記官：異議申立ての取下げによって、訴訟手続は終了します。仮執行宣言前の異議申立ての取下げの場合は、支払督促失効の効果が生じなかったことになり、督促手続が復活します。債権者は、異議申立ての取下げを知った時から2週間経過すれば、仮執行宣言の申立てをして、仮執行宣言の発付を受けることができます。仮執行宣言後の異議申立ての取下げの場合は、仮執行宣言付支払督促の確定阻止の効果が生じなかったことになります。仮執行宣言付支払督促正本が送達されてから2週間経過後の取下げであれば、仮執行宣言付支払督促は、その期間経過の日に遡って確定することになります。

B事務官：分かりました。最後に一点だけ教えてください。異議申立てにより通常訴訟に移行しますが、口頭弁論期日に当事者双方の不出頭により休止となり、訴え取下げの擬制がなされた場合、支払督促はどうなるのでしょうか？

C書記官：法263条によって擬制されるのは、仮執行宣言の前後を問わず、訴えそのものの取下げになりますので、支払督促はその効力を失うことになります。もちろん、仮執行宣言後のものであれば、仮執行宣言付支払督促もその効力を失うことになります。

B事務官：ありがとうございました。督促手続についてのおぼろげな知識が少し色濃くなったような気がします。

D裁判官：Cさん、ご苦労様でした。よく勉強していますね。私も「支払命

令」時代に、ある庁で、半年間専属的に支払命令事務を担当したことがありますが、大変だったという記憶が残っています。要件等については、一次的に書記官が審査してくれるのですが、中には問題のある申立書もありましたし、契印機のない時代でしたから、契印を押すことだけでも腕が痛くなったものでした。現在、契印機がありますので、契印の問題は解消されていますが、要件の審査を含めて、督促手続を担当する事務官、書記官は苦労が多いことと思います。また、ここでは基本的なことを勉強しましたが、各庁によって実務の運用がいくらか違う場合もありますので、申立てをする債権者の方は、疑問点があれば、当該簡易裁判所に気軽に問い合わせてくれれば、結果的には、手続がスムーズに流れることにもなりますね。それから、支払督促申立用紙も各簡易裁判所に備えてありますので、利用していただきたいと思います。督オンシステムの関係については、後日勉強することにして、次回の勉強会ですが、手続関係が続きましたので、私たちの生活に根ざした建物賃貸借関係について、勉強をしましょう。

C書記官：分かりました。

10　建物賃貸借関係（その1）

D裁判官：建物の賃貸借関係に関する訴訟は結構ありますね。今回は、賃貸借の基本的なものから入って、賃貸借関係に関する各態様の請求の訴状の記載（要件事実）などについても勉強していきましょう。

B事務官：建物の賃貸借については、個人的に興味のあるところです。実は、こういう場でご報告するのもなんですが、結婚することが決まりました。それで、当初は賃貸住宅からスタートすることになると思いますが、現在は親元で生活していますので、賃貸住宅での生活は初めての経験になります。賃貸住宅の選定や不動産仲介業者との関係、賃貸借契約のこと、賃料や共益費用のこと、敷金や礼金のこと、更新料のこと、退去した場合の原状回復義務のことなど、これまでは仕事を通しての客観的な観点からしかみていませんでしたが、いざ自分のこととなると不安と疑問が一杯で……。

C書記官：いよいよ結婚ですか？おめでとうございます。お付き合いしていた方は高校時代の同級生と聞いていましたが、お相手はその方ですか？

B事務官：そうです。高校時代はグループで付き合っていた程度で、高校を卒業してからは自然と疎遠になっていたのですが、社会人になってから、たまたま出席した同窓会に彼も出席していまして、そこから付き合いが始まったというか、再開したというか……。

C書記官：Bさんは、大学を出てから民間の会社に勤めて、その後に裁判所に勤めるようになったのですよね。それから相手の方はO市で勤務されているということをお聞きしたことがありますが。

B事務官：私は裁判所の前は旅行会社に勤めていました。彼は現在もO市で勤務し、会社の寮に入っています。結婚した場合は、彼の転勤か私の異動がなければ別居結婚ということになりますので、その悩みもあります。

C書記官：同居できる状態になるまでは、親元で生活するというわけにはいかないのですね？

B事務官：はい、結婚というのはある意味親からの独立でもありますし、当分は行ったり来たりの生活になることや、彼の意向もありますので。

D裁判官：おめでとう。Bさんにとっては、今年は新しい門出となるわけですね。彼もО市では会社の寮ということですので、彼も賃貸住宅の経験がないということになるのでしょうか？でも、Bさんが賃貸借についての知識をしっかり身につけておけば、なんの心配もありませんね。それでは早速本題に入りましょう。物の貸し借りには民法上、消費貸借、使用貸借、賃貸借の3つの態様がありますが、Bさん、この3つの違いを述べてみてください。

B事務官：消費貸借というのは、借りた物は自分で消費して、代わりに借りた物と同じ種類、品質、数量を返すという形態です。銀行や消費者金融からお金を借りる場合や、昔よくいわれた例ですが、お隣さんからお米を借りたりする場合などです。使用貸借というのは、無償で物を借りるという形態です。友人から本を借りたり、自転車を借りたりする場合です。賃貸借というのは、物を借りた場合にその賃料を払うという形態です。土地・建物の賃貸借やレンタカーなどもこの形態になります。

D裁判官：そうですね。BさんやCさんがよく利用するレンタルDVDなども賃貸借ですし、Bさんが結婚式でブライダル用品などをレンタルするとしたら、これも賃貸借の一種になりますね。賃貸借は、借主が使用・収益をした目的物自体を返還するものである点で消費貸借と異なり、使用・収益の対価を支払うという点で使用貸借と異なるということになりますね。ところで、Cさん、なにか言いたいようですね。

C書記官：Bさんにクエスチョンです。飲みに行ったときに、支払いの段階になって、「ちょっと財布を貸してくれ。」という悪友がいますが、このような場合はどのように理解したらよいでしょうか？

B事務官：引っかけ問題ですね。友達の方は、財布というより財布の中にあるものが目的でしょうし、「貸してくれ。」という言葉の裏には、「支払ってくれ。」という意味が込められているとしたら、財布やお金の

「貸借」ではないと思います。Cさんは気前がいいですから、さっと財布を出して支払いを済ますというシーンが目に浮かびます。友達の方は、「おごってほしい。」という要求で、Cさんは、「おごってあげる。」ということですから、友達の方の飲み代分については一種の贈与に当たるのではないでしょうか？いい店見つけましたので、今度、私にもお願いします。

D裁判官：一本とられましたね。それでは、Cさん、賃貸借は債権であって、その法的性質は諾成・有償・双務契約ということになりますが、「賃借権の物権化」という言葉を耳にしたことがあると思います。そこのところを簡単に説明してください。

C書記官：建物所有の土地利用に絞って説明させていただきますが、建物所有目的の借地については、従来、土地所有者と借地人との社会的・経済的地位が圧倒的に違っていたために、地上権ではなく賃貸借が多く使われるようになり、このために借地人の地位が不当に弱く、様々な問題が生じたといわれています。そのために、借地人の地位を強化するために、立法的な手当がなされて、賃借権が物権のような効力を有するに至ったとされています。このことが「賃借権の物権化」といわれています。

D裁判官：歴史的な経過により土地賃貸借の変遷ということになるのでしょうが、その立法的な手当というのは具体的にはどのような法律をさしていますか？

C書記官：建物保護に関する法律、借地法及び借家法ですが、これらの法律は平成3年の改正によって借地借家法として一本化されました。

D裁判官：そうですね。ついでに申し上げると農地については、農地法によって賃借人の保護をはかっていますね。話は戻りますが、Bさん、物権に比べて債権である賃借権の弱さはどのような点にありますか？

B事務官：主として次の3点といわれています。①賃借権には対抗力がありません。不動産が譲渡されると新所有者に賃借権を対抗できません。②存続期間が短いです。地上権や永小作権が20年から50年までとされているのに比べて、賃借権の上限は20年ですが、現実にはもっと短い期間の

定めが多いといわれています。③物権には譲渡性がありますが、賃借権は賃借人が自由に譲渡・転貸できません。

D裁判官：そうですね。この３点の弱さを借地借家法は修正しているということになりますが、このへんのところを説明してください。

C書記官：①の対抗力の点ですが、借地権については、借地上に登記のある建物を所有していれば、第三者に対して対抗することができるようになりました（借地借家法10条）。建物の賃貸借については、登記がなくても、建物の引渡があれば、その後その建物について物権を取得した者に対して、対抗することができます（借地借家法31条）。②の存続期間の点ですが、借地権については30年とし、契約で30年より長い期間を定めたときには、その期間ということになります。更新する場合には、最初の更新は20年、その次からは10年となりますが、契約でこれより長い期間を定めることもできます（借地借家法３条、４条）。建物の賃貸借については、定期建物賃貸借（借地借家法38条）や一時使用目的の建物賃貸借（借地借家法40条）がありますが、この二つの賃貸借を除けば、賃貸人は正当事由がなければ更新を拒絶できませんし、解約申入れ期間は、民法617条１項では賃貸借期間の定めのない場合には３か月とされていますが、借地借家法26条１項によって、賃貸借期間の定めがあったとしても期間満了の１年前から６か月前までとされました。③の譲渡性に関する点ですが、物権と同じになったということではありませんが、借地について、借地借家法19条１項によって、譲渡・転貸についての土地所有者の承諾に代わる許可を裁判所に求めることが可能になりました。

D裁判官：「賃借権の物権化」といわれる点の主なものは今の説明にあったとおりですね。Cさんの説明の中に、「定期建物賃貸借」と「一時使用目的の建物賃貸借」という言葉がありましたが、ついでにこの２点も説明してください。

C書記官：「定期建物賃貸」というものの大きな特徴は更新がないことです。通常の賃貸借では法定更新があり、また更新したくない場合でも正当事由がなければなりませんので、その点が大きく違ってきます。ただし、定期建物賃貸借契約は、公正証書などの書面によらなければなりません

し、賃貸借期間が1年以上の場合には、賃貸人は、期間満了の1年前から6か月前までの間に賃貸借が終了する旨の通知をしなければなりません（借地借家法38条）。「一時使用目的の建物賃貸借」というのは、まさしく一時使用のためですので、短期間であって、更新なしの場合などに有用になります。建物賃貸借が一時使用のためであることが明らかな場合は、借地借家法第3章の借家に関する規定は適用されないことになります（借地借家法40条）。

D裁判官：そうですね。「定期建物賃貸」と「一時使用目的の建物賃貸借」の規定が設けられた経緯は、「賃借権の物権化」によって、賃借人は保護されることになる反面、賃貸人は、いったん土地や建物を貸すと、長期にわたって返還されない可能性が大きいので、容易に貸し出そうとしないことになり、比較的短期間不動産を利用したいと考えている人たちに対する供給が阻害されているという批判がなされるようになり、平成3年の借地借家法の制定とともに新たに「定期借地権」が設けられ、「一時使用目的の建物賃貸借」の規定は、旧借家法にも規定されていましたが、借地借家法においてもその必要性が考慮されて残されたということですね。そして、「定期建物賃貸」については、平成11年12月15日法律第153号の「良質な賃貸住宅等の供給の促進に関する特別措置法」により、借地借家法38条に規定されていた「賃貸人の不在期間の建物賃貸借」という規定が改正されて設けられたということですね。それから、借地借家法は、更新できない借地権として、「定期借地権」のほかに「事業用借地権」、「建物譲渡特約付借地権」を設けましたが、これらは土地の賃貸借ですので、別の機会に勉強しましょう。

B事務官：「一時使用目的の建物賃貸借」というのは、どのような場合を予想しているのでしょうか？「定期建物賃貸」でまかなえるような気がしますが。

D裁判官：確かにBさんのように考えることができるかも知れませんね。しかし、「定期建物賃貸借契約」を結ぶに際しては、公正証書等による書面性が要求され、更新がない旨の書面を交付して説明しなければならないこと、期間1年以上である場合には、期間満了の通知をしなければな

らないなど、様々な要件を満たす必要がありますので、一時的に使用したい賃貸借にはある意味過度な要求になると思います。例えば、自分の家を建て替える場合などのときに、近隣の建物を一次的に借り受けて、新居ができたら借りた建物を返すというようなことが一般的に行われていますが、このような場合などはまさしく「一時使用目的の建物賃貸借」ということになりますので、やはりこの規定の存在価値はあると考えてよいと思います。それでは、Bさん、内田貴著『民法Ⅱ［第2版］』175頁からの問題です。「地方博覧会の開催期間中に、Yは会場近くのXの家を借りて土産物屋をすることにし、半年の開催期間中だけという条件で賃貸借契約を締結した。ところが、博覧会の閉会後もYは借家法を援用して居座っている。Xは契約に基づいて明渡しを求めうるだろうか？」というものですが、どう考えますか？

B事務官：この事例ですと、博覧会開催期間中という条件ですから、「一時使用目的の建物賃貸借」といえると思いますので、借地借家法の適用は受けず（借地借家法40条）、明渡しを求めることができると考えます。

D裁判官：そうですね。この問題についてはそのようにいえると思います。ところで、一時使用のためといえるかどうかについては難しいものがありますので、そのメルクマールとなる判例を紹介します。最高裁第三小法廷昭和36年10月10日判決（法曹時報13巻12号107号、民商法雑誌46巻4号133頁）は、「一時使用のための賃貸借といえるためには必ずしもその期間の長短だけを標準として決せられるべきものではなく、賃貸借の目的、動機、その他諸般の事情から、当該賃貸借契約を短期間内に限り存続させる趣旨のものであることが、客観的に判断される場合であればよいのであって、その期間が1年未満の場合でなければならないものではない。」としています。

B事務官：一時使用というと、どうしても1年未満というように考えてしまいがちですが、そうではなく、諸事情から判断されるということですね。

D裁判官：そういうことですね。ところで、「賃借権の物権化」から入って回り道をしてしまいましたが、原点に戻って、Bさんが賃貸住宅を借り

るにあたっての第1の関門である賃貸借契約の仲介に関する点を問題にしましょう。Cさんも結婚を機に親元から出て、賃貸住宅に入り、それからマンションを購入して現在に至るということでしたね。希望に叶う賃貸住宅を見つけるためにかなり労力を使ったと思うのですが、いかがでしたか？

C書記官：妻も働いていましたが、勤務地が違っていましたので、双方の通勤にほどよい場所と収入に見合った住宅、それに周りの環境や部屋の作り、日当たり具合などいろいろ考えましたし、多くの情報も得るようにしました。今ではインターネットなどで物件を検索できますので、その点便利になったと思います。あとは仲介業者の問題ですね。私の場合も2、3の仲介業者を尋ねましたし、案内してもらった物件もありました。自分の目で確かめるということは大切なことだと思います。

D裁判官：Cさんから賃貸物件を探すにあたっての経験談を語ってもらいましたが、Cさんの貴重な経験談は段階毎に紹介していただきましょう。Bさんは窓口事務として、不動産仲介業者を被告とした訴状を受け付けたことがあると思いますが、どのような事案が多いという感想を持っていますか？

B事務官：説明義務違反を理由とする仲介手数料返還請求や損害賠償請求などが多くみられます。

C書記官：不動産仲介に関する事件は少なくないというのが私の感想でもあります。記憶にある事案としては、仲介業者を被告として、賃貸物件の広告に、ドアの鍵が二重ロックとなっていたのに鍵は1つだけだった。ガラス窓はペアガラスとなっていたのにペアガラスではなかった。だから、二重ロックとペアガラスにするための費用相当額の損害賠償を求めるというものがありました。ちょっと観点のずれた請求のような気がしましたが、裁判官の釈明によって、原告は、請求の原因を説明義務違反による仲介手数料の返還とそのような物件を仲介されて精神的な痛手を被ったとして損害賠償請求に変更しました。

B事務官：結果はどうなったのですか？

C書記官：裁判官の和解勧告により、司法委員が当事者双方の妥協点を引き

出してくれたことにより和解によって終了しました。原告は、仲介手数料の半分を返してもらうということで解決したという記憶です。

D裁判官：Cさんが担当した事件に似たような賃貸物件の広告や説明と実際が違っていたという事案がよくありますね。この事案についていえば、まさしく仲介業者による説明がきちんとなされていたのかどうか？二重ロックとペアガラスが原告にとって物件を賃借するにあたってどの程度重要な事項となるのか？契約前に当該物件を原告が下見しているのか？その際に二重ロックとペアガラスの点を確認したのか？など様々な争点が考えられますね。ただし、少なくとも、特別な約束や事情がない限りは、仲介業者に二重ロックとペアガラスにするための費用相当額の損害賠償を請求するというのは認められない可能性大ですね。

C書記官：仲介業者に関するものではありませんが、説明義務違反ということの事例として、マンションを販売した不動産業者に当該マンションで飛び降り自殺があったことを告知、説明すべき義務があったという東京地裁の判決があったと記憶していますが、もし、賃貸物件でそのような事実があったら、仲介業者としてはきちんと説明しなければならないのでしょうね。

B事務官：私は臆病ですから、とてもそのような部屋に住むことはできません。

D裁判官：そのようなことがあった建物や部屋というのは、やはり気持ちの悪いものだというのが、社会通念上の考えでしょうね。Cさんが紹介してくれた判例は、東京地裁平成20年4月28日判決（判例タイムズ1275号329頁）だと思いますが、判決の要旨は、「飛び降り自殺があった物件であることは、価格にも一定の影響があることは明らかであるから、相手方がこれを購入するか否かを検討する際に告知、説明しておく必要のあることも明白である。したがって、被告には、本件売買契約の約2年前に本件建物から居住者が飛び降り自殺する本件死亡事故があったことを知っていた以上、不動産を取り扱う専門業者として、当該不動産を売り渡そうとする相手方である原告に対し、当該事実を告知、説明すべき義務があったというべきである。」としています。

B事務官：それで、被告には損害賠償が命ぜられたのでしょうか？

D裁判官：判決では、原告の被った損害は、性質上、損害額を立証することが極めて困難であると認められるとして、民事訴訟法248条（損害額の認定）の趣旨を援用して、慰謝料名目の損害賠償を被告に命じています。

C書記官：私の親戚の話ですが、家の住み替えを考えていたところ、駅の近くで買い物にも便利という手頃な物件が見つかったそうです。そこで仲介業者の説明を聞き、内覧もして、家族の意見も一致したので購入する運びになったのですが、それが仲介業者の説明に不備があったということで購入の話は流れてしまったそうです。仲介業者と購入のための打ち合わせを進めていたそうですが、詰めの段階になって、仲介業者から「将来建て替えの場合にはセットバックが必要になる。」という旨の話があったそうです。不動産売却広告と事前の説明ではセットバック済みということだったのに、ある程度話が進んでから、説明は間違いでしたというのは納得できないということとセットバックするとかなり敷地的にも狭くなるので、購入は断念したということでした。このような場合、「仲介業者に損害賠償の請求ができないだろうか？」と冗談交じりに言っていましたが、もし購入後セットバックしなければならないという事実が判明した場合は、説明義務違反ということで仲介業者に損害賠償の請求ができるのか？あるいは、売主との関係で契約解除できるのか？ちょっと考えさせられる事例だと思います。

B事務官：そのセットバックというのは、どういうものなのですか？

D裁判官：私の方から説明しましょう。建築基準法43条によって、建築物の敷地は原則として幅員4メートル以上の道路に間口2メートル以上接していなければなりませんが、古くからの市街地などには幅が4メートルに満たない道路が数多く存在します。Cさんの親戚の方が購入を考えた物件は駅に近く買い物に便利ということですから、建築基準法が施行された昭和25年11月23日以前から、あるいは都市計画区域に編入される以前から存在した道路、このような道路を「42条2項道路」あるいは単に「2項道路」あるいは「みなし道路」といわれていますが、このような道路に面した敷地だと思います。このような敷地にある建物を将来建て

替えする場合などには、道路の中心線から2メートルの位置まで敷地を後退させる必要があり、これによって将来的に4メートルの道路幅を確保しようとするものです。この敷地境界線の後退をセットバックといいます。セットバックにより、道路の中心線から2メートルの位置が敷地と道路との境界線とみなされるため、セットバックした部分の土地は、たとえ個人所有のままであっても建ぺい率や容積率を算定する際には敷地面積には含まれず、またセットバック部分に塀や門などを建てることもできません。Cさんが、「敷地的にも狭くなる。」と言ったのはそういう意味からです。

B事務官：分かりました。敷地の面積との関係でセットバックを要するかどうかというのは、大変重要なことなのですね。とすると、仲介業者が、セットバックしなければならないことを知っていた場合や当然知り得た情報ということであれば、損害賠償請求の対象になると考えてよいような気がします。それから、売主との関係では、やはりその事実を故意に隠したりしていたような場合は契約解除できると考えてよさそうに思いますが。

D裁判官：Bさんの考えが筋論なのでしょうね。セットバックを要する敷地かどうかについては、建築基準法に基づく制限ですから重要事項ということになります。不動産仲介業者としても、敷地と面した道路の幅や土地の形状をきちんと把握していればすぐに分かることですから、落ち度を免れることはできないでしょうね。Cさんの親戚の方も、その気になったのに足下をすくわれたようで、気分も悪かったと思います。Cさんの親戚の方の例は売買に関することですが、Bさんが、賃貸物件を探すにあたって仲介業者を選定することも同様に大切なことということになりますね。しかし、だからといって悲観的にならないでください。ほとんどの仲介業者は「宅地建物取引業法（以下、「宅建業法」という。）」に則って、適正な仕事をしていると考えてください。

C書記官：気に入った物件があったら下見だけは欠かさないようにしてください。自分の目で確かめて、疑問点があれば遠慮無く質問をして、そのうえで決めることだと思います。

D裁判官：Cさんの言うとおりですね。ところで、賃貸物件も決まり、いよいよ契約となった場合の関係に移りましょう。仲介業者を通して賃貸借契約を結ぶ場合には、当然仲介手数料が必要になりますし、場合によっては、「礼金」、「敷金」、「保証金」などの名目の金員を要求されることがあります。Bさんに、それらの意義を簡単に説明してもらいましょう。

B事務官：「礼金」というのは、一般的に、「権利金」と呼ばれているものと同じように考えられていますが、その金額が低額の場合には、借家に対する謝礼で、法的には賃貸人への贈与と考えられています。「敷金」というのは、賃借人の債務を担保する目的で、賃借人から賃貸人に交付される金銭で、賃貸借の終了の際、賃料不払いや賃借物件を毀損した場合の損害賠償責任などの賃借人の債務があれば、それを控除して返還される性質のものです。「保証金」というのは、一般的には、ビルやマンションの賃貸借またはその予約に際し、賃借人から賃貸人に対して支払われるもので、賃貸借終了時に一定金額を償却費として差し引いて賃借人に返還するなどの約定がなされたりするようですが、法律上の性質は明確ではないとされています。

D裁判官：そうですね。「礼金」というのを広辞苑でひいてみると、「①謝礼として出す金銭。謝金。②家や部屋を借りるときに、お礼という名目で家主に払う金銭。」とありますし、大辞林にも同様の意味が記載されています。「礼金」は、賃貸借が終了した場合において賃借人に戻るものとは考えられていませんね。「権利金」となると、その法的性質は一義的ではないといわれていますが、通常次の点があげられています。①場所的利益の対価（地理的に有利な店舗を一定期間借りられることの利益等）、②賃料の一部の一括前払（賃貸人が一括前払による運用益を得られる）、③賃借権に譲渡性を与える対価（本来は譲渡性はない）（内田貴著『民法Ⅱ[第2版]』182頁）。Bさんのような居住のための賃貸借には、通常は「権利金」ということではなく、返還されない「礼金」の授受なのでしょうね。「敷金」については、「敷金返還請求」のときに少し詳しく勉強しましょう。

C書記官：賃貸借契約を結ぶときには、結構お金がかかります。「仲介手数

料」、「礼金」、「敷金」のほかに、「前家賃」や「火災保険料」なども請求される場合がありますからね。
B事務官：お金の方も大変なんですね。なんだか億劫になってきたので、結婚するのを止めようかしら。
C書記官：口ではそんなことを言っていますが、顔は嘘をついていないですよ。幸せ一杯という顔ですよ。
D裁判官：Cさんの金銭面でのアドバイスも、Bさんにとっては大変参考になる情報だと思います。さて、賃貸借契約を結ぶことになりますが、現在は、平成5年1月29日付け住宅宅地審議会の「賃貸住宅標準契約書についての答申」に基づく「賃貸住宅標準契約書」に準じた契約書を作成している仲介業者が多いと思います。しかし、独自の契約書を作成している仲介業者もあると思いますので、契約書の説明をしっかり受け、よく読む必要があります。仲介業者には、重要事項を説明する義務（宅建業法35条）がありますので、その際にしっかりと疑問点があれば質問し、納得したうえで、重要事項説明書に記名押印する必要がありますね。重要事項説明書に記名押印があっても、訴訟における審理の際に、「聞いてなかった。」、「説明は受けていない。」などという主張をする人がいますが、その主張がとおるかどうか難しいことになりますからね。
B事務官：そうですね。訴状受付の際に添付されてくる「賃貸借契約書」には様々な様式があるという実感があります。建物明渡請求事件では、契約解除の条項を、敷金返還請求事件や原状回復費用請求事件の場合には、禁止行為や修繕義務、原状回復に関する特約事項などに注意を払いますが、今日は、あらためて契約書というのは重要だという認識を持ちました。
D裁判官：契約も済んで、いよいよ入居ということになりますがCさん、入居にあたって注意すべき点はどのようなことですか？
C書記官：入居前の建物の状況をきちんと把握しておくことだと思います。敷金返還請求訴訟で問題になるのは、建物の損耗が入居前からのものなのか、入居中に生じたものか争われることが多いからです。
D裁判官：そのとおりですね。原状回復義務との絡みで問題になりますの

で、入居前の原状把握は重要ですね。入居時・退去時の物件状況確認リストというものを作成している仲介業者もありますが、これなどは、争いになったとき重要な証拠資料になりますし、建物の平面図に入居時の状況を記入し、合わせて写真を撮っておくという方法も考えられますね。このようなものがあると裁判実務的には判断材料としておおいに参考になります。さて入居中の問題になりますが、賃貸借契約は双務契約ですから、賃貸人の義務と賃借人の義務というものが生じますね。Bさん、この点を説明してください。

B事務官：まず、賃貸人の義務ですが、賃借人に対して目的物を使用・収益させる義務があります（民法601条）。言葉を換えていえば、目的物を使用・収益に適する状態に置くべき義務ということです。それから、目的物の修繕等の義務（民法606条）があります。つまり、目的物の使用・収益に必要な修繕をする義務です。例えば、賃貸している住宅が、雨漏りするとか、賃借人の原因によらないで風呂釜が故障したなどというときには、賃貸人に修繕義務があることになります。賃借人の義務としては、第1に賃料支払義務（民法601条）があります。それから、目的物の保管について、民法400条に基づく善管注意義務というものがあります。賃貸借契約終了時には、目的物を原状に復して返還する義務があります。

D裁判官：賃貸人、賃借人の義務として考えられる大きなものはそのようなものですね。ほかに賃貸人の義務としては、賃借人が支出した必要費や有益費を償還しなければならないという費用償還義務（民法608条）があります。それから、賃貸借契約は有償契約ですから、目的物に瑕疵があれば、賃貸人は瑕疵担保責任（民法559条以下）を負いますね。ここで、賃貸人の義務が認められた判例を紹介します。東京地裁平成15年1月27日判決（判例タイムズ1129号153頁）は、後で入居した他空の賃借人（小料理屋）が発生させた悪臭について、賃貸人が賃借人（婦人服販売業）に対する義務を怠ったとして、賃貸人に債務不履行責任を負わせています。参考となる判示部分をあげてみますと、「賃貸借契約における賃貸人の義務を考えるに、賃貸人には、あらゆる臭いの発生を防止すべき義

務があるというものではなく、賃貸借の目的からみて、目的物をその目的に従って使用収益するうえで、社会通念上、受忍限度を逸脱する程度の悪臭が発生する場合に、これを放置し若しくは防止策を怠る場合に、初めて、賃貸人に債務不履行責任が生ずるというべきであり、悪臭発生の有無、悪臭の程度、時間、損害の規模、被害者の営業等を総合して、賃借人として受忍すべき限度内の悪臭か否かの判断をすべきである。本件についてみると、原告（賃借人）の30名の顧客が、（小料理屋）からの魚の臭いについて、かなりの不快感を示しており、主たる商品である婦人服等に魚の臭いが付着し、悪臭によって被害を被った事実が認められ、他方、被告側（賃貸人）において、悪臭に関する抜本的な解決をとらなかったことが認められる。したがって、被告は、賃借人に目的物を使用収益せしめる義務を怠ったものであるから、原告に対して債務不履行責任を負うというべきである。」としています。

C書記官：私も住居を探すときに経験しました。商店街近くのアパートでしたが、窓を開けると隣の魚屋の臭いが入ってくるので、そこはパスしました。次は、学生が多く住むアパートの隣だったので、自分の学生時代からの経験上、昼夜を問わず騒音がひどいだろうと予測されましたので、そこもパスしました。賃貸住宅を探すのに、帯に短し、襷に長しという言葉を何度かつぶやいた記憶があります。これらの経験は、現在住んでいるマンションを購入する際にも生かすことができました。

D裁判官：Cさんの経験談は生きた法律論にもなりますね。今日は時間の関係もありますので、ここまでにしましょう。次回は今日の続きということで。

11 建物賃貸借関係（その2）

D裁判官：前回は「賃貸人の義務と賃借人の義務について」まで勉強しましたが、今回はその続きということで賃料の問題点から入りましょう。賃借人には賃料支払義務（民法601条）がありますが、Bさん、賃貸人が賃料の値上げを要求してきたときはそれに応じなければなりませんか？

B事務官：値上げの要求幅にもよるのでしょうが、その点については、借地借家法32条に規定があります。その規定によりますと、①租税などの負担の増加、②土地や建物の価格の上昇その他経済事情の変動、③近隣の同種の建物の賃料に比べて不相当となったときには、将来に向かって賃料の増額を請求できるとあります。しかし、賃貸人の請求があまりにも過大なものである場合は、必ずしもその値上げに応じる必要はないと思います。

C書記官：それではこういう事例ではどうですか？この間の口頭弁論期日でのことですが、建物明渡請求事件に関して、被告が、答弁として、「大家が勝手に家賃の値上げを要求して来た。なんの相談もなく一方的に値上げをすると言われても応じる必要はない。長い間借りてやっているのに、そのことも考えずに値上げを要求するのは信頼の原則を損ない、信義誠実義務にも反する。だから、大家の反省を促すために家賃を払うのをストップした。大家が値上げを撤回するなどして、家賃の問題が解決しないうちは、家賃の支払義務はない。それなのに今度は家賃を払わないから出て行けというのは大家の権利の濫用だ。」と、堂々と主張していました。被告の答弁は認められそうですか？

B事務官：値上げの幅はどのくらいだったのですか？それから、賃料は何か月くらい滞納したのですか？

C書記官：毎月の賃料は確か6万5,000円だったと思います。原告の主張としては、賃貸借契約をしてから10年以上にもなり、その間更新料を取る

こともしなかったし、そもそも契約時から近隣と比較しても低額だったのに一度も値上げをしてこなかった。それで今回の契約更新に際して、月額賃料を7万円に値上げすることを通告したというものでした。それから、値上げを通告してから10か月経っても、アパートを出て行くこともせず、従来の賃料さえも支払わなくなったので訴訟を提起したということでした。

D裁判官：Cさんが紹介してくれた事例について、被告の信義則違反や権利の濫用の主張については論点から外して、焼き直しをして、一般論としての問題にしてみましょう。例えば、値上げの幅が現在の賃料の10パーセントで、賃借人としてはある程度の値上げはやむを得ないとは思うものの、せいぜい5パーセント止まりが妥当だと考えた場合は、賃借人としてはどうすればよいのかということと、逆の立場で、賃貸人としてはどうしたらよいのかという問題です。

B事務官：建物の賃貸借については当事者間の契約ですので、賃料の増額についても当事者間で決めることだと思います。しかし、その話し合いがまとまらない場合には、賃貸人としては、まず裁判所に賃料増額請求の調停を申立てることになると思います。地代借賃増（減）請求事件については、調停前置主義となっていますので（民事調停法24条の2）、管轄裁判所としては、建物の所在地を管轄する簡易裁判所又は当事者が合意で定める建物の所在地を管轄する地方裁判所に申立てることになります。賃借人としては、賃借人が考える5パーセントの増額では賃料は受け取れないとして賃貸人が受領を拒んだときには、その5パーセントの増額の賃料を供託するという方法をとることになると思います。増額が相当でないと考えたら従来の賃料を供託すべきですので、増額に納得できないから賃料を支払わないということは許されないと思います。

D裁判官：そうですね。賃料増（減）額請求権の法的性質は、一般的に形成権と考えられていますので、権利者の一方的な意思表示で一定の法律関係を発生させる権利となりますから、増額又は減額請求の意思表示が相手方に到達したときに、相手方の承諾の有無にかかわらず、その時点において客観的に相当と認められる金額の限度内で将来に向かって増減額

の効果が発生することになります。そうすると、値上げの意思表示をされた賃借人は、そのまま値上げされた賃料を払わなければならないのかという問題になりますが、その点は、Bさんが説明してくれたように、増額が正当とする裁判が確定するまでは、自分が相当と考える賃料を支払えば、債務不履行の責任を免れることになります（借地借家法32条2項本文）。ただし、その裁判が確定した場合に、賃借人の支払額に不足があれば、その不足分に年1割の割合による支払期以降の利息を付加して支払わなければなりません（同条2項ただし書）。そうすると、先ほどの例では、賃料の10パーセントの値上げの申出があり、賃借人は従来の賃料に5パーセント上乗せして供託したところ、裁判（調停）では8パーセントの値上げが相当であると判断されて、それが確定したとすると、賃借人は差額の3パーセント分とそれに対する年1割の割合による利息を賃貸人に支払うことになるということですね。

B事務官：借地借家法32条2項本文にいう、賃借人が「相当と認める額」というのは、賃借人が勝手にというか主観的に考えた額、つまり客観的な資料に基づかずに判断した額でもよいということでしょうか？

D裁判官：よい点に気がつきましたね。そういう疑問が当然生じますよね。その点につき、最高裁第二小法廷平成8年7月12日判決（判例タイムズ922号212頁、判例時報1579号77頁）は、「①賃料増額請求につき当事者間に協議が整わず、賃借人が請求額に満たない額を賃料として支払う場合において、賃借人が従前の賃料額を主観的に相当と認めていないときは、従前の賃料同額を支払っても（旧）借地法12条2項にいう相当賃料を支払ったことにはならない。②賃料増額請求につき当事者間に協議が整わず、賃借人が請求額に満たない額を賃料として支払う場合において、賃借人が自らの支払額が公租公課の額を下回ることを知っていたときは、賃借人が右支払額を主観的に相当と認めていたとしても、特段の事情のない限り、（旧）借地法12条2項にいう相当賃料を支払ったことにはならない。」としています。ちなみに、（旧）借地法12条2項は、借地借家法11条2項と同様の借賃増（減）額請求権を定めた規定です。同様の規定は（旧）借家法7条にも規定されています。この判決は「相当

と認める額」についての一つの指針になるものと思いますので、Bさんの疑問もある程度解消されるのではないでしょうか。ここで視点を変えて、Cさん、賃料増額訴訟の形態として考えられるものをあげてみてください。

C書記官：①増額された後の賃料額の確認を求める賃料増額確認請求訴訟、②増額された賃料と従前の賃料額の差額の支払を求める増額賃料請求訴訟、③増額分の賃料不払いを理由とする建物賃貸借契約の解除を原因とする建物明渡請求訴訟の3つの形態が考えられます。

D裁判官：先ほどCさんが紹介してくれた事例は③の建物明渡請求訴訟のようですが、そのような請求訴訟も多くありますが、近年の実務の流れとしては、①の賃料増額確認請求訴訟によるものも多くなったといわれています。そこで、賃料増額確認請求訴訟の場合の請求の趣旨をあげてください。

C書記官：「請求の趣旨」の記載例は、「原告が被告に賃貸している別紙物件目録記載の建物の賃料は、平成○○年○月○日以降1か月金○○円であることを確認する。」のようになると思います。

D裁判官：それでは、次は「請求の原因」ということになりますが、賃料増額確認請求の要件事実をあげてください。

C書記官：要件事実は次のとおりになると思います。

① 原告と被告とが本件建物の賃貸借契約を締結したこと
② 原告が被告に対し、①の契約に基づいて本件建物を貸し渡したこと
③ 賃料額が不相当となったことを基礎づける事実
④ 原告が被告に対し、本件建物の賃料を増額する旨の意思表示をしたこと及びその意思表示が到達した時期
⑤ 増額後の賃料の額
⑥ 一定期間が経過したこと

（参考・加藤新太郎＝細野敦著『[第2版] 要件事実の考え方と実務』168頁）。

D裁判官：そうですね。③の「賃料額が不相当となったことを基礎づける事実」に関して補足しますと、Bさんが借地借家法32条の規定で説明してくれたように、租税などの負担の増加、土地や建物の価格の上昇その他

経済事情の変動、近隣の同種の建物の賃料に比べて不相当となったことなどを主張し、立証しなければなりませんね。賃料増額訴訟は、相当額の増加賃料を争うものですから、当事者間で相当賃料の算定をめぐり攻撃防御が尽くされることになるのは当然ですが、被告として考えられる抗弁があります。それは、どのような抗弁でしょうか？

C書記官：原告が賃料増額請求をするためには、増額しないという特約のないことが要件になりますので、被告としては、「原告と被告とが一定期間賃料を増額しない旨の合意をしたこと。」を抗弁として主張することになります。

D裁判官：増額しないという特約は、当然に被告の抗弁ということになりますね。ところで、直接特約に関して判断されたものではありませんが、特約のある賃貸借契約についての参考と思われる判例を紹介しておきます。最高裁第一小法廷平成17年3月10日判決（判例時報1894号14頁、判例タイムズ1179号185頁、金融法務事情1746号126頁）は、「賃借人の要望に沿って大型スーパーストアの店舗として使用するために建築され、他の用途に転用することが困難である建物について、賃貸人が将来にわたり安定した賃料収入を得ること等を目的として、3年ごとに賃料を増額する旨の特約を付した賃貸借契約について、賃借人のした賃料減額請求権の行使を否定した原審の判断に違法がある。」としています。つまり、「賃料減額請求の当否を判断するに当たっては、諸般の事情を総合的に考慮し、当初の合意賃料を維持することが公平を失し信義に反するというような特段の事情の有無により賃料減額請求の当否を判断すべきものであるとして、専ら公租公課の上昇及び賃貸人の経営状態のみを参酌し、土地建物の価格等の変動、近傍同種の建物の賃料相場等、借地借家法32条1項所定の他の重要な事項を参酌しないまま、賃借人のした賃料減額請求権の行使を否定した原審の判断には違法がある。」としています。この判決の減額請求を増額請求と読み替えて参考にしてください。ところで、他の抗弁としての、消滅時効に関してはどうなりますか？

C書記官：月単位で定められた賃料債権は民法169条の定期給付債権に当たりますので、5年の短期消滅時効にかかります。ですから、賃料増額の

効果は、賃料増額の意思表示が到達した日から発生しますが、賃料は支払期日ごとに履行期が到来しますので、被告は、各賃料の弁済期から5年を経過した分については、その点を抗弁として主張立証して増額賃料の支払を免れることができます。

D裁判官：そこで、相当賃料の算定方法が問題になりますが、相当賃料の鑑定評価に際して、不動産鑑定士が遵守すべきルールを定めた「不動産鑑定評価基準」によれば、①利回り法、②スライド法、③賃貸事例比較法、④差額配分法などがあるようです。各方法については、時間の関係もありますので、各自勉強してもらうことにしたいと思いますが、実務的には、各種の算定方法の長所短所を把握したうえで、当該賃貸借契約成立の経緯などの諸般の事情を斟酌しながら、適正な賃料を決定しようとする総合方式が定着しつつあるようです。ここで、Cさんに、当事者の合意があり調停が成立した場合の調停条項の例を示してもらいましょう。

C書記官：申立人が賃貸人、相手方が賃借人として、従前の賃料が8万円、増額請求の賃料が10万円、供託した賃料が8万5,000円、調停で合意に達した額が9万円といった場合を例にして調停条項の例を示してみます。

1　申立人と相手方は、申立人が相手方に賃貸している別紙物件目録記載の建物（以下「本件建物」という。）についての賃料を平成23年10月1日以降1か月金9万円に改定することを合意する。

2　申立人と相手方は、相手方が前項による賃料として、○○法務局に平成23年10月から平成24年3月まで1か月8万5,000円あて供託した金員について、申立人が還付請求をするものとし、相手方はこれを承諾する。

3　相手方は、申立人に対し、第1項の改定賃料額と前項の供託額との差額金合計3万円を平成24年4月15日限り、申立人方に持参又は送金して支払う。

4　相手方は、申立人に対し、平成24年4月1日から、第1項に

　　　　よる改定賃料額を毎月１日限り、当月分を申立人方に持参又は
　　　　送金して支払う。
　　５　申立人と相手方は、本調停条項に定めるほか、なんらの債権
　　　　債務のないことを相互に確認する。
　　６　調停費用は、各自の負担とする。

D裁判官： ありがとう。第１項は賃料増額改定したことの形成条項になりますね。第２項は供託金の取扱いを定める条項ですが、還付請求権と承諾を忘れないようにすべきですね。第３項と第４項は給付条項ということになります。賃料増額の点はここまでにして、今度は建物の転貸借に関する問題に入りましょう。Ｂさん、民法は転貸借についてどのように規定していますか？

B事務官： 民法612条１項は、賃借人は、賃貸人の承諾を得なければ転貸することはできないと定めています。そして、２項では無断で転貸した場合には、賃貸人は契約の解除をすることができると規定しています。

D裁判官： このように、民法は賃借人が自由に転貸したりすることを認めていませんが、借地権については、借地借家法19条あるいは20条において、借地権設定者（地主）に不利となるおそれがないにもかかわらず、転貸を承諾しないときは、借地権者や建物の競売等で取得した買受人は、借地権設定者の承諾に代わる許可を裁判所に求めることができるということで修正をはかっています。しかし、借家の場合には、保護すべきは賃借人の居住であって譲渡や転貸の権利ではないという観点から借地借家法による修正は行われなかったので、Ｂさんが解説してくれた民法612条の規定に従うことになります。そこでＢさんに問題ですが、賃貸人の転貸の承諾は、賃借人に対してしなければならないのか？あるいは転借人に対するものでもよいのか？というものです。

B事務官： 民法の規定では、「賃借人は、賃貸人の承諾を得なければ……」となっていますので、賃借人に対する承諾でなければという考えもあるようですが、転借人に対するものでもよいと思います。

D裁判官： そうですね。そのように解されています。直接転貸に関するもの

ではありませんが、民法612条の賃借権の譲渡について、最高裁第二小法廷昭和31年10月5日判決（判例タイムズ65号80頁）は、「賃借人のなした賃借権の譲渡に対する賃貸人の承諾は、かならずしも譲渡人に対してなすを要せず、譲受人に対してなすも差し支えなくものと解すべきである。」としています。転借についても同様に考えられています。賃貸人の承諾は、これがあれば賃貸人が解除権を失うという性質のものなので、どちらに対してなされても有効と考えられているからのようです。賃貸人は承諾を求められた場合には、これに応じる義務はありませんが、もし承諾を与えるとしたらその承諾の時期についてはいかがですか？

B事務官：賃貸人の承諾は、転貸がなされる前になされるのが通常でしょうが、事後承諾でもよいと考えられています。

D裁判官：そうですね。ちなみに承諾の形式については、法律上特に要求されておりませんので、明示でも黙示でもよいとされています。問題となるのは、賃貸人が無断転貸を知っていながら、なにも異議を述べないでいることが黙示の承諾になるかという点です。この点については、例えば、転貸を黙認しながら賃料の値上げを要求するなどの積極的な行為がなければ、単に見過ごしてきたというだけでは、承諾があったとはいえないとする考えが多いようですね（参考・『［第2版］我妻・有泉コンメンタール民法（総則・物権・債権）』1126頁）。それでは、ここで問題ですが、民法612条2項にいう「第三者」の範疇について、賃借人自身がその建物に住まないで妻や子供などの家族を住まわせた場合、その家族は「第三者」に当たることになりますか？

B事務官：家族の場合は「第三者」に当たらないのではないでしょうか。

D裁判官：そうですね。一般的には、家族の外に親族・知人に使用させた場合でも、同一の世帯の一員として住まわせているという事情があれば「第三者」に該当しないと解釈されていますし、住込みの使用人の場合でも同様に考えられているようです。それでは、こういう事例はどうでしょうか？賃借人が事業経営者であって、当該賃借家屋を従業員家族に使用させていた場合はいかがですか？

B事務官：従業員家族が事業経営者と独立した生計というか独立した生活をしている場合には、「第三者」に当たるのではないでしょうか。ただこのようないわゆる会社の「借上げ住宅」の場合は、通常賃貸借契約でその旨記している場合が多いと思います。勝手に従業員に使用させたのではやはり問題だと思います。

D裁判官：Bさんのように考えるのが筋論ですね。私ごとになりますが、独身時代に、ある会社の「借上げアパート」の1室に、1年間無償で住まわせてもらっていたことがあります。私はその会社の社員ではありませんから、そのアパートの賃貸借契約書に、居住させる者についての約束として、「会社の従業員であること」等の限定がついていたとすれば問題となっていた事例かも知れませんね。その点おおらかだったのですね。階下に住んでいたご家族の子供たちと多摩川の河川敷でキャッチボールをしたり、会社の若い人たちと飲み明かしたりして結構楽しい思い出になっています。ところで、最近「サブリース」という事案に関する訴訟が見られるようになりましたが、Cさん、「サブリース」とはどのような形態をいいますか？

C書記官：「サブリース」というのは、又貸しあるいは転貸のことを意味する言葉ですが、特に不動産賃貸においては、転貸を目的とした「一括借上」のことを「サブリース」と言っています。不動産会社が賃貸物件の所有者から土地・建物・付帯施設をサブリースで借り上げ、運営・管理を一手に引き受ける賃貸システムということになります。

B事務官：サブリース会社が原告となって、未払賃料請求や建物明渡請求の訴訟を受理することがありますので、なんとなく「サブリース」という概念はつかんでいたような気がしましたが、あらためて考えてみますとあまり分かっていないということが分かりました。もちろんメリットがあるからこのような形態が生まれたのでしょうが、そのへんのところをもう少し教えていただけませんか。

D裁判官：それでは、私の方から説明しましょう。賃貸物件の所有者をオーナーということにしますが、オーナーが賃貸物件を扱う場合、賃料は入居している部屋の分だけになり、空き部屋があったり賃料を滞納された

りすると経済的に経営が困難になりますし、また、賃借人とのトラブルや様々な対応に苦慮しなければなりませんので、管理面においても煩わしいものが出てきます。他方、不動産会社も独自に賃貸物件を建てる場合、土地を購入したうえでのことになりますし、そのために土地購入や建物建設・資産税などの税金の関係等で多額の費用がかかります。そこで、オーナーが不動産会社に土地・建物などを託して管理運営してもらうとともに、不動産会社から賃料の何パーセントかの一定の保証金を得るというシステムができあがったということになります。オーナーのメリットと不動産会社のメリットが合致したシステムということになるのでしょうね。

B事務官：分かりました。オーナーのメリットを概略すると次のようになるのですね。

① 不動産会社が一括管理してくれるため、賃貸業の知識がなくとも賃貸物件を建てることができる。
② 賃借人に対しての対応はすべて不動産会社が行うので、オーナーが対応する必要はない。
③ 空室があっても空室分も保証された金額がオーナーに支払われる。
④ 賃借人の原状回復関係等については、不動産会社が責任を持って対応する。

しかし、デメリットというか問題点はないのでしょうか？

D裁判官：すでに建物が建てられている場合の「サブリース」もありますが、「一括借上」の条件で建てる場合は、不動産会社が指定した建物を建築する必要があります。また、転借人の入居に伴う審査等は不動産会社が行うので、どのような人が入居してくるのかオーナーには分からず、転借人と近隣住民とのトラブルとなるケースもあるようです。それから保証賃料は長期間保証といわれていた場合であっても、周辺環境、経済環境の変化を理由に賃料の減額を要求される場合があります。その点についての最高裁第三小法廷平成15年10月21日判決（判例時報1350号291頁、判例タイムズ1140号68頁、金融法務事情1700号88頁）は、サブリース契約に借地借家法32条1項（借賃増減請求権）の適用があるとし、当

事者が賃料減額請求をした場合に、その請求の当否及び相当賃料額を判断するために考慮すべき事情についての判断を示しています。

B事務官：最高裁の判例があるということは、サブリース契約に借地借家法32条1項の適用はないという考えもあったということですね？

D裁判官：そうですね。この判決の中で、適用否定説に対して述べている箇所がありますので、そのまま引用してみます。「この点、否定説は、いわゆるサブリース契約は、①典型契約としての賃貸借契約ではなく、『不動産賃貸権あるいは経営権を委譲して共同経営を営む無名契約』である、あるいは、②『ビルの所有権及び不動産管理のノウハウを基礎として共同事業を営む旨を約する無名契約』と解すべきである、等々の理論構成を試みるが、そこで挙げられているサブリース契約の特殊性なるものは、いずれも、①契約を締結するに当たっての経済的動機等、同契約を締結するに至る背景の説明にとどまり、必ずしも充分な法的説明とはいえないものであるか、あるいは、②同契約の性質を建物賃貸借契約（ないし、建物賃貸借契約をその一部に含んだ複合契約）であるとみても、そのことと両立し得る事柄であって、出発点としての上記推認を覆し得るものではない。もっとも、否定説の背景には、サブリース契約に借地借家法32条を適用したのでは、当事者間に実質的公平を保つことができないとの危惧があることが見て取れる。しかし……」ということです。この判決の後にも、最高裁第二小法廷平成16年11月8日判決（判例時報1375号491頁、判例タイムズ1173号192頁、金融法務事情1747号76頁）において、サブリース契約に借地借家法32条の規定が適用されるとしています。転貸借とサブリースの関係はこれくらいにして、賃貸住宅の所有者の変更があった場合に関する問題に入りましょう。もし、Bさんが賃貸住宅に入居中に、売買によって所有者が変更し、その所有者から退去を求められた場合、どのように対応しますか？

B事務官：退去する必要はないと思います。売買によって所有者が変更した場合であっても、新所有者が賃貸人の地位を当然に承継することになるので、従前の契約内容で住み続けることができると思います。

C書記官：Bさんが受付けたので覚えていると思いますが、賃借人が、旧所

有者に対して賃料の支払を続けていたのに、新所有者から賃借人に対して賃料の支払請求がなされたという事案がありましたね。

B事務官：そういえば、新所有者（原告）から、賃借人（被告）が賃料の支払をしないので、未払賃料を請求するという内容の訴状を受けたことがあります。それに対する賃借人（被告）の答弁は、①賃貸住宅の所有者が変更になったことは知らない。②賃料は銀行引き落としにより、従来どおり（旧所有者に）支払われているので、未払賃料はない。というものだったと記憶しています。このケースですと、所有者の変更があっても、賃貸借契約は従前のままであることを新所有者（原告）が認めているということになりますね。ところで、この事案はどのような形で解決したのかちょっと興味があります。

C書記官：この事案は、旧所有者に対して訴訟告知がなされ、旧所有者を訴訟に参加させて、三者間での一挙解決という方法により和解で終了しました。訴訟になった最大の原因は、賃借人に対する所有者の変更連絡に手落ちがあったことや銀行引き落としを停止する手続などが疎かになっていたというものでした。

D裁判官：BさんとCさんが係わったその事案は、新所有者、旧所有者、賃借人の3者で円満に解決した理想的なケースですね。賃貸住宅の所有者の変更の事案であっても、利害関係や事実関係が複雑に絡み合って、当事者間で激しく争うケースもありますからね。むしろそのようなケースだからこそ訴訟になってくるともいえますが。ここで、賃貸借の承継の通知に関する判例を紹介しておきます。最高裁第一小法廷昭和33年9月18日判決（最高裁判所民事裁判例集12巻13号2040頁）は、「借家法1条により建物の所有権取得と同時に当然賃貸借を承継するものであって、その承継の通知を要しない旨の原判決の判断並びに被上告人の所為が信義則に反しない旨の原判示は、いずれも当裁判所の正当として是認できるところである。」として、（旧）借家法1条による賃貸借の承継の場合、その承継につき、賃貸人から賃借人に承継の通知をすることは必要ではないとしています。（旧）借家法1条の規定は、借地借家法31条に引き継がれていますので、読み替えて理解してください。それでは、観点を変

えてBさんに問題ですが、賃貸人が亡くなり、相続人が複数おり、賃貸人たる地位を承継する者が決まらなかった場合、賃料の支払をどのようにしますか？

B事務官：賃貸人が亡くなったことを知らないのなら、従来通りの方法で支払を続けていれば、賃借人の債務不履行を問うことはできないと思いますが、なんらかの事情によって賃貸人が亡くなったことを知り、また、相続人間で遺産分割に争いがあって、なかなか賃貸人たる地位の承継が確定しない場合などのときにはどうしたらよいのか困ってしまいます。早く承継人を決めてもらわなければなりませんが、決まらない場合にはどなたに支払ったらよいのか分かりませんので、法務局に供託するという方法になるのでしょうか？

D裁判官：それでは、Cさんに伺いましょう。相続人が複数いた場合の賃料債権は、可分債権なのか、不可分債権なのかということですが。

C書記官：複数の相続人が共同賃借人の場合には、不可分債権と考えられているのではないでしょうか。

D裁判官：そうですね。不可分債権と解されていますね。東京地裁昭和47年12月22日判決（判例時報708号59頁）は、「賃貸人の死亡により複数の共同相続人が賃貸人の地位を承継し共同賃貸人となった場合の賃料債権は、不可分債権であると解すべきであるから、共同賃貸人の一人であるAへの賃料支払により、Bらの賃料支払義務は履行されたと認むべきである。」としています。しかし、相続人間で相続財産について激しい争いがあり、なかなか解決への道のりが遠いというのであれば、Bさんが言うように、供託という制度を利用した方が、後日の紛争を避けるという意味においても無難でしょうね。

B事務官：このような例を考えた場合には、賃借人の立場からして、個人経営の賃貸住宅に入居する場合であっても、管理会社が間に入っていた方がよいような気がしますがいかがでしょうか？管理会社の存在によって、このような賃貸人の承継の問題や入居中における賃貸人との交渉事など様々な問題が発生した場合に、感情的にならずに客観的に処理できるような気がします。賃貸住宅に管理会社が係わっているかどうかの関

係は、住居探しの重要なポイントになるのでしょうか？

C書記官： どうでしょうかね。管理会社といっても様々ですので、しっかりした会社であれば、Bさんが言うように安心感がありますが、管理会社相手の賃貸人あるいは賃借人とのトラブル事案の訴訟がないわけではありませんからね。そのへんのところはあまり神経質に考える必要はないような気がしますが。そうでないと住居が気に入っても、管理会社がタッチしているかどうか、その管理会社は優良企業かどうかまで調べなければならなくなりますので、私の場合だったら、住居と周囲の環境を優先に考えて、あとは二の次という順序になるでしょうね。

D裁判官： Bさんの疑問に対するCさんのアドバイスがあったところで、時間がきましたので、今日はここまでにして、次回にこの続きの問題点について勉強しましょう。

12　建物賃貸借関係（その3）

D裁判官：今回は、建物賃貸借関係の3回目の勉強会になりますが、Bさんの結婚式も近づいてきましたね。住まい探しも順調でしょうか？

B事務官：はい。でも、結婚もなんか人ごとのような気がして……。住居の方は、新幹線の駅にアクセスしやすい地域で、私の通勤にも便利な所ということを優先にして探しているのですが、便利ですと月々の賃料が高いわりには狭かったり、日当たりが良くなかったりで、なかなか難しいですね。なんとか2、3絞り込んではいるのですが、まだ最終的には決まっていません。でも、「人気物件ですので、早く決めていただかないとすぐに入居者が決まってしまいますよ。」とか、「これ以上の物件はなかなか見つけにくいですよ。お客さんは運がいいですよ。」とか、仲介の人の言葉に気持ちが揺らいでしまったりして……。

C書記官：そうですよね。それらの言葉は常套文句のようですよね。私の賃貸住宅探しのときもそうでしたが、マンションを購入するときは大変でした。休日には、マンションのモデルルーム巡りが趣味の一環のようになってしまって、購入予定のないマンションも参考のために見て回りましたし、購入後も5、6件は回りました。担当者の言葉巧みな売込みにはまったく感心させられますね。「これだけの設備を備えたマンションは、これからは簡単には建築されないでしょう。すぐに買い手がつきますので、早く決められた方が良いと思いますよ。」というのはまだお手柔らかで、「今、契約していただければ、他のお客さんには内緒で、様々な特権をお付けします。」とか、「本契約の必要はありませんので、仮契約だけでもしていってください。」とか、もっとも窮地に立たされたのは、「○百万円値引きしますので、今日中に契約書に印を捺してください。いや、捺すまで家に帰しません。」などと契約を迫られたときでした。結局、現在のマンション購入の決め手は、強引な売り込みがな

かったことと、担当者が購入者の立場に立った場合の気になる点なども淡々と説明してくれたことだったような気がします。もちろん、場所、間取り、資金面などが大きな要素を占めましたが。Bさんも彼と一緒に内覧して決めるのが一番でしょう。それまでに、候補に挙げていた物件に他の人の入居が決まっていたとしたら、そこには縁がなかった。と思えば良いことですから。

B事務官：ありがとうございます。でも、ある意味、住まいを探すというのは、精神的にも肉体的にも重労働ですね。このまま親元で暮らしたい気分です。

D裁判官：その言葉をご両親がお聞きしたら、はたして喜んでくれるのかどうか。ちょっと複雑な気持ちになるかも知れませんよ。それでは、本題に入りましょう。前回は、賃料増（減）額請求、転貸借関係、サブリース、賃貸人の交替などを勉強しましたが、今回はその続きとして、賃貸住宅の修繕関係の問題点から始めましょう。修繕には大修繕と小修繕というものがありますので、それを分けて論じたいと思います。Bさんが賃貸住宅に入居していたとして、うっかりガラスを割ってしまったとか、襖を破いてしまったときなどは、自分の過失ですから、自分で修理の費用を負担するというのは当然ですね。それでは、Bさんの過失によらないで、蛍光灯や電球が老朽化のために切れてしまったときは、交換の費用は賃貸人の負担になりますか？それとも賃借人のBさんの負担になりますか？

B事務官：賃貸住宅の修繕義務は、原則として賃貸人が負いますので（民法606条1項）、蛍光灯や電球の例では、賃貸人の負担になると思います。でも、現実には、賃借人が負担しているのではないでしょうか？

D裁判官：そうですね。現実と法律上のギャップがあるかも知れませんね。しかし実際は、賃貸借契約書に修繕特約が付されているのが通常ですので、その特約により、小修繕は賃借人が行うということで、そのギャップは解消されていると考えてよいのでしょうね。特約がなければ、Bさんの説明のように原則として賃貸人が負担することになります。賃貸住宅標準契約書（平成5年1月29日住宅宅地審議会答申）には、修繕特約が

明記されていますので、契約書を読みこなすのも勉強ですから、Bさんに、修繕に関して定められている条項を読んでもらいましょう。

B事務官：（1項）甲（貸主）は、別表第4に掲げる修繕を除き、乙（借主）が本物件を使用するために必要な修繕を行わなければならない。この場合において、乙の故意又は過失により必要となった修繕に要する費用は、乙が負担しなければならない。（2項）前項の規定に基づき甲が修繕を行う場合は、甲は、あらかじめ、その旨を乙に通知しなければならない。この場合において、乙は、正当な理由がある場合を除き、当該修繕の実施を拒否することができない。（3項）乙は、甲の承諾を得ることなく、別表第4に掲げる修繕を自らの負担において行うことができる。

D裁判官：ありがとう。別表第4という文言がありますが、その別表はどのようになっていますか？

B事務官：この条項の別表第4は次のようになっています。

畳表の取替え、裏返し
障子紙の張替え
ふすま紙の張替え
電球、蛍光灯の取替え
ヒューズの取替え
給水栓の取替え
排水栓の取替え
その他費用が軽微な修繕

D裁判官：別表に掲げられているものは、小修繕の一般的なものですね。比較的費用が安く軽微な修繕については、特約で項目を増やすこともできますし、減らすこともできますね。ところで、別表にガラスについての記載がありませんが、一般的にガラスは何らかの物理的な力が加えられない限りは割れませんね。それで、物理的な力を加えて破損させた者が修理費を負担することになりますので、あえて別表には挙げていないのだと思いますが、ここで問題にしたいのは「網入ガラス」についてです。

C書記官：「網入ガラス」の破損についての問題ですね？「網入ガラス」が破損した場合、その修理費用を賃貸人が負担するのか、賃借人が負担しなければならないのかという点について、原状回復費用請求訴訟において、しばしば争われますので。

B事務官：「網入ガラス」というのは、ガラスの中に網が入っているものですよね。かなり丈夫そうに見えますので、「防犯」の観点から安心感がありますよね。

C書記官：そう思いますよね。実は「網入ガラス」は、「防犯」のためのガラスではなく、「防火」のためのガラスなんです。刑事事件を担当している友人の書記官から聞いた話ですが、窃盗犯にとっては、「網入ガラス」は、「防犯」の点に関してなんの効果もないどころか、網入りなので、大きく割っても崩れずにガラス片が落下するときの音もあまりしないということがあって、侵入防止の効果は望めないというようなことを言っていましたよ。

B事務官：「網入ガラス」はてっきり「防犯」のためと思っていました。「防火」のためという理由を教えてください。

D裁判官：私から説明しましょう。火災などが発生した場合、窓ガラスが熱で割れてしまうと、ガラスが崩れ落ちた穴から炎が吹き出して、他の場所へ延焼していくことがあります。しかし「網入ガラス」は、ガラスが割れても崩れ落ちずに「蓋」となって、短時間であれば延焼防止の効果も期待できることになるためです。

C書記官：建築基準法上、「防火地域」や「準防火地域」で延焼防止の義務がある住宅・建物などには「網入ガラス」の設置が求められています。現在の建築基準法では、「網入ガラス」以外にも防火試験に合格した「耐熱強化ガラス」も可能になったようですが。余談になりますが、建築基準法に「網入ガラス」という用語があるのかどうか確認してみましたが、見つけることはできませんでした。そこで、法令検索などを試みながら、「網入ガラス」を探してみました。建築基準法2条9号の2のロ、同法68条の26第1項、建築基準施行令109条の2などの関連条文から、やっと平成12年5月25日建設省告示第1360号（防火設備の構造方法

を定める件）の第1の2のニに「鉄及び網入ガラスで造られたもの」というところに行き着きました。苦労したというより、建築基準法関係はなんでこんなに難しいのだろうという感想を持ちました。

D裁判官：ご苦労様でした。大変参考になります。建築基準法は時々改正されますし、関連するものとして、施行令や施行規則、政令、告示などがあり、特に告示は沢山出されていますからね。そして、防火設備に関しては消防法も絡んできますしね。

B事務官：私もよく分かりました。ところで、なぜ「網入ガラス」の修理費について争いになるのですか？

C書記官：「網入ガラス」は、自然に割れる場合があるという理由からのようです。自然に割れれば、賃借人の責任ではなくなりますので、賃貸人は、賃借人に対して、修繕費用の請求ができなくなります。そこで、どちらの費用負担になるのかという争いです。

B事務官：「網入ガラス」はそんなに弱いのですか？

C書記官：弱いというわけではなく、自然に割れる場合があるということです。自然に割れる場合の原因として、大きく分けて「熱割れ」と「錆割れ」の2つが知られているようです。「熱割れ」というのは、1枚のガラスで温度差が発生した場合に生じる現象のようです。窓ガラスが太陽の日差しを受けることによって、表面温度が上昇しますが、窓枠のサッシに隠された部分は温度があまり上昇しません。そのために温度差ができ、中央部分が膨張しようとするのに、周りの部分がそれを抑えようとするために発生する力が、ガラスの耐久範囲を超えると割れてしまうという現象といわれています。「錆割れ」というのは、ガラスの中の網は金属ですから、錆びることがあります。網が錆びると膨らみ、その膨らみにガラスが耐え切れなれなくなり、そこから割れていくという現象だといわれています。

B事務官：なるほど。分かりやすい説明ありがとうございました。そういえば、内覧した建物の窓に「網入ガラス」が使用されていたものがありました。そのときは、「防火」のためということは頭に浮かばず、やはり「防犯」上しっかりしていると思ってしまいました。

D裁判官：Cさんもよく調べましたね。Cさんが話してくれたように、原状回復費用の負担関係で「網入ガラス」は、よく問題になりますね。1つの例ですが、網入ガラス窓の内側に、窓一杯の大きさのポスターを貼っていて、そのポスターを剥がしてみたところでひび割れを発見したという事案です。賃貸人も、賃借人も、その費用負担について、「相手方が負担すべきである。」として、なかなか譲りませんでした。「熱割れ」は、一般的に冬の晴れた日の午前中に多く発生するといわれていますね。冬は空気が澄んでいて、太陽の角度も低いので、長い時間日が当たり、しかもサッシ周辺の温度は低いということになり、ガラスの中央部分とサッシ部分との温度差が大きくなるためのようです。それから、これも一般論ですが、厚手のカーテンやブラインド、家具などを窓ガラスに密着させないことやエアコンの室外機をガラス面に向けないこと、ストーブの熱が直にガラス面に当たらないようにすることも大切ですし、また、ガラス面に色の濃い紙やフイルムを貼り付けないようにすることもひび割れ防止の方策ともいわれています。そうすると、どうもポスターの事案では、賃借人に分が悪いような感じですね。しかし、賃借人は、ポスターが原因での「熱割れ」によるものかどうか分からないし、「熱割れ」に対する知識もなかった。ガラス面にポスターを貼ってはいけないとの注意も受けていなかったという反論をしていました。「熱割れ」の特徴は、必ず窓ガラスの周辺部から割れて、その亀裂は窓枠に対し垂直方向から始まるということのようです。ですから、ガラスの周辺部以外から亀裂が始まっていれば、何らかの「衝撃」によるものといえるようです。この点が「熱割れ」か「衝撃」によるものなのかの判断基準の1つになると考えられているようです。

B事務官：大変勉強になりました。「網入ガラス」のことがよく分かり、なんとなくスッキリしました。

D裁判官：すっかり「網入ガラス」の話で盛り上がってしまいましたね。「防火」、「防犯」の観点からも、これまでの話はBさんの住まい探しの参考になるものと思います。話を戻しましょう。現在の賃貸住宅には、電気（ガス）給湯器や冷暖房機（エアコン）が設置されていることが多

くなりましたが、それらの機器が故障して修理に多額の費用がかかる場合とか、経年劣化のために取替が必要になった場合などは、どちらが費用の負担をすることになりますか？

B事務官：それらの機器が賃借人側の原因で故障したのでなければ、多額の費用がかかるということですので、小修理という範疇から外れると思いますし、経年劣化というのであれば、賃借人の責任ではありませんので、どちらの場合も賃貸人の費用負担になると考えます。

D裁判官：そのように考えられますね。それでは、軽微な故障で、修理費用も安くて済むような場合はどうですか？

B事務官：この場合でも特約がなければ賃貸人の費用負担になると思います。先ほども述べましたが、原則として、賃貸人は、賃貸物の使用及び収益に必要な修繕をする義務がありますし（民法606条1項）、一定範囲の小修繕を賃借人の負担とする旨の特約は、単に賃貸人の修繕義務を免除する意味しか有しないと考えられているからです。

D裁判官：そうですね。判例等の立場もよく勉強していますね。先ほど、修繕特約の条項を読んでもらいましたが、Cさんに、賃借人に特別の負担を課すことになるための特約の要件を挙げてもらいましょう。

C書記官：①特約の必要があり、かつ、暴利的でないなどの客観的、合理的理由が存在すること。②賃借人が特約によって通常の原状回復義務を超えた修繕等の義務を負うことについて認識していること。③賃借人が特約による義務負担の意思表示をしていること。（参考・国土交通省住宅局住宅総合整備課マンション管理対策室監修『［改訂版］賃貸住宅の原状回復をめぐるトラブル事例とガイドライン』22頁）

D裁判官：ありがとう。Cさんが挙げてくれたこの要件を満たしていなければ、特約の効力が争われるということになりますね。ちょっと本論から外れてしまいましたが、冷暖房機の関係に戻って、参考となる判例を紹介します。東京地裁平成20年11月28日判決は、賃借人の賃貸人に対する破損した冷暖房機の取替の請求を認めています。要旨としては、「冷暖房機器を備え付けることが本件賃貸借契約の内容とされたものと認められたことによると、被告には補修及び取替の義務があるというべきであ

る。」としています。先ほども言いましたように、賃貸住宅に冷暖房機が設置されていることが多いので、その場合は、冷暖房機は備付け備品と考えられ、賃貸借契約上の内容にもなりますので、結論はこの判例のようになるものと思います。それでは、大型台風が原因で雨漏りするようになった場合、まず、賃借人としてしなければならないことがあります。Bさん、それはどういうことですか？

B事務官：雨漏りすることを知った場合は、遅滞なく賃貸人にその旨を知らせなければなりません（民法615条）。

D裁判官：そうですね。賃借人の通知義務といわれるものです。これまでの勉強の結論からいえば、雨漏りの修理は賃貸人の責任においてなさなければならないことになりますが、賃貸人が雨漏りの事実を知らなければ修理の手配もできませんから、賃貸人にその事実を知らせることは当然のことですね。ところで、賃貸人がなかなか修理してくれない場合は、賃借人としてはどのような対応をすればよいでしょうか？

B事務官：雨漏りがひどくなれば、建物の本体部分だけではなく、内部の家具や調度品にも被害が及んできますので、早急な修理が必要だと思います。賃貸人がなかなか修理してくれないということであれば、賃借人が修理をして、その費用を賃貸人に請求することができると思います。

D裁判官：その根拠は？

B事務官：民法608条1項には、「賃借人は、賃借物について賃貸人の負担に属する必要費を支出したときは、賃貸人に対し、直ちにその償還を請求することができる。」と定められていますので、この規定によって、賃貸人に請求できると思います。

D裁判官：そうですね。それでは、民法608条1項の費用償還請求に期限がありますか？

B事務官：使用貸借の民法600条の規定が賃貸借にも準用されていますので、賃貸借契約が終了して、建物を返還してから1年以内に請求しなければなりません（民法621条）。

D裁判官：そうですね。ところで、賃借人が入居中に修理費用を請求しても、賃貸人がその費用を支払ってくれない場合はどうしますか？

B事務官：そういう賃貸人もいるのでしょうね。このような場合でも賃料を支払わなければならないのでしょうか？賃料と相殺できないのでしょうか？

C書記官：賃借人は相殺の主張ができるのではないでしょうか。必要費は支出と同時に期限到来になりますので、賃借人は、民法533条の賃料支払債務との同時履行の抗弁を主張できますし、次の賃料とは相殺適状になりますので、民法505条によって賃料債務との相殺を主張することができると思います。

D裁判官：そのとおりですね。相殺の主張ができますね。しかし、現実に裁判で争われる事案は様々な事情が加わっているものが多いですね。例えば、賃貸住宅はかなり老朽化していて、近い将来には大修繕や改築も免れないような場合や当該箇所の修繕が経済的にもかなりの費用を要するような場合は、はたして修理をしなければならないのか、どの程度の修理でよいのかなどの問題が派生してきますね。Bさん、最近受け付けた訴状で、賃貸人が修理義務を怠ったので、損害賠償を請求するという事案があったのではありませんか？

B事務官：そういえば、そのような訴えがありました。同じ賃貸住宅に住む賃借人2名がそれぞれ賃貸人に対して損害賠償を請求している事案です。今のところは2名ですが、他の賃借人も訴訟を起こすかも知れないと原告の訴訟代理人が言っていました。上水道の水量不足と濁り水、下水道の詰まり、温水器が突然水になったり熱湯になったりする不調、床のへこみ等のために修理を申し込んでも誠実な対応がなく、日常生活の不便さは当然、健康上にも悪影響が出てきて、精神的にもつらい思いを強いられているというのが訴状の内容だったと思います。

C書記官：修理費用の請求という事案は経験したことがありますが、ストレートに損害賠償請求というのは珍しいケースなのではないでしょうか？

D裁判官：あまりにも賃貸人の対応がまずく、修理されないことにより、精神的にもダメージを受けたということであれば、考えられない請求ではありませんね。東京簡裁平成23年3月9日判決は、賃貸人の修繕義務に

関して、小蝿や蚊が大量に発生して、日常生活にも支障が生ずるようになったにもかかわらず、賃貸人がなんらの対策を講じなかったために引っ越しを余儀なくさせられたとして、乳幼児を抱えた賃借人からの敷金、礼金の返還、入居期間中の賃料の減額、引っ越し費用の各請求をそれぞれ認めています。ここで、ちょっと脱線します。賃借人は若い一人住まいの女性です。アパートの１階に住んでいましたが、その部屋の電動雨戸が故障して開閉ができなくなっていたために、賃借人は管理会社を通じて防犯上からも早急な修理を要請していたのですが、賃貸人はなかなか修理の手配をしてくれませんでした。そんな折、夕方賃借人が買い物に出掛けた40分くらいの間に、変質者が雨戸の故障している窓から室内に忍び込んで、寝具や下着を汚したという事件がありました。犯人は分かっていません。賃借人は不安にかられ、すぐにそのアパートを退去しました。

B事務官：賃借人から、賃貸人に対する損害賠償請求がなされたのですね？

D裁判官：そのような考えに行き着くのが通常の感覚かも知れませんね。ところが、そうではなく、この事案は、賃貸人から退去予告期間２か月分の賃料を請求するという訴えだったのです。「網入ガラス」と防犯の関係が話に出ましたが、雨戸などはまさに雨、風を凌ぐだけではなく、防犯のうえでも大きな役割を果たしていますよね。窓の鍵は外部からの物理的な力によって開けられたことについては賃貸人も認めていましたので、賃貸人の修繕義務の遅滞がこのような事件が起きたことの原因の１つといえなくもありませんね。この事案では、賃貸人の請求が認められるのかどうか、どのように考えますか？

B事務官：感覚的に賃貸人の請求は認めたくありません。自分の責任を棚にあげて、相手の責任ばかりを追及することはどうかと思います。逆に、賃借人は損害賠償を請求してもよいような事案のような気がします。

D裁判官：Bさんの気持ちはよく分かります。そのような事件があれば、若い女性であればなおさら、誰でもが、とてもそこには住んでいられない気持ちになりますよね。賃貸人は、賃借人が変質者による住居侵入の被害にあったとしても、自分の責任の及ぶ範囲ではないという主張をして

いましたが、いかがなものでしょうかね？物騒な世の中ですので、Ｂさんは、治安の良い地域で防犯のしっかりした住まいを探してください。それでは、修繕義務の関係については、原状回復義務のところでも触れることになりますので、ここまでにしましょう。現在の賃貸住宅は、入居期間を２年とするものが多いですね。引続き住まいを続けたい場合は契約の更新ということになりますので、更新についての話に入りましょう。期間の定めのある賃貸借においては、期間の満了とともに賃貸借が終了するのが民法上の原則ですが（民法616条、597条１項）、借地借家法で、建物賃借権の存続を保護のために修正がはかられています。Ｃさん、条文を挙げて説明をしてください。

Ｃ書記官： 借地借家法26条１項は、期間の定めがある賃貸借を終了させようとする当事者は、期間満了の１年前から６か月前までの間に、相手方に対して、「更新拒絶通知」つまり更新をしない旨の通知又は条件を変更しなければ更新をしない旨の通知をすることが必要で、「更新拒絶通知」がなされなかったときは、契約の更新をしたものとみなされるということを規定しています。ただし、賃貸人が更新拒絶通知をするためには、「正当の事由」がなければならないことを28条で規定しています。26条２項は、１項による有効な「更新拒絶通知」があり「正当の事由」がある場合であっても、賃借人が建物の使用を継続しているときは、賃貸人が遅滞なく異議を述べないと、契約を更新したものとみなされるとしています。26条３項は、転貸借がおこなわれている場合の規定で、転借人のする建物の使用の継続を賃借人がする建物の使用の継続とみなして、賃貸人が遅滞なく異議を述べなかったときは賃貸借の更新が生じるものとしています。

Ｄ裁判官： ある法律関係の存続期間が満了したときに、当事者の合意によってその法律関係を更に継続させることが契約の更新（合意更新）ですが、Ｃさんが説明してくれたように、土地・建物の賃貸借関係で、合意がなくても一定の要件のもとで更新がなされたとみなされるのが「法定更新」といわれるものですね。この「法定更新」の制度は、旧借家法２条においても、建物賃借権存続保護の観点から認められていましたが、借

地借家法においてもこの制度が承継されました。「法定更新」の効果については、従前の契約と同一の条件で契約を更新したとみなされることですが、一点だけ違うものがありますね。

C書記官：それは、借地借家法26条1項ただし書に規定されていますが、期間の定めのあった賃貸借の場合、法定更新後は「期間の定めのない賃貸借」になることだと思います。

D裁判官：そうですね。それでは、「期間の定めのない賃貸借」の場合の解約申入れ期間はどうなりますか？

C書記官：「期間の定めのない賃貸借」の場合は、民法617条1項2号では解約申入れ期間は3か月と定められていますが、賃貸人が解約の申入れをする場合には、借地借家法27条1項により6か月に伸張されています。もちろん、解約申入れには「正当の事由」が必要とされています。

D裁判官：借地借家法28条には、「正当の事由」の有無を判断する際に考慮されうる要件が規定されていますが、Bさんにその要件を挙げてもらいましょう。

B事務官：①賃貸人及び賃借人が建物の使用を必要とする事情、②建物賃貸借に関する従前の経過、③建物の利用状況、④建物の現況、⑤賃貸人による財産上の給付の申出です。

D裁判官：ありがとう。この列挙は限定的なものと解すべきであるとされています（広中俊雄編集『注釈借地借家法』937頁）。建物明渡請求事件では、しばしばこの「正当の事由」が争われることは私たちの経験するところですね。ところで、契約の更新がなされた場合、更新料の支払が必要であるとする契約書もあります。更新料の授受の発生経緯については、東京周辺その他の高地価地帯で、昭和30年代ころから一般化してきたということでしたね。ちょっと古いデータですが、国土交通省の2007年の調査によりますと、更新料を徴収する業者は、神奈川県で90.1％、千葉県で82.9％、東京都で65％、京都府で55.1％となっているようです。更新料支払の慣行は全国的ではありませんので、慣行のない地域の人は、「更新料ってなに？」と首をかしげるかも知れませんが、Bさんは、東京都内に賃貸住宅を探していますので、更新料のことは知っておく必要

がありますね。なお、更新料については、この勉強会の最初のころに「更新料返還請求編」というタイトルでやっていますので、思い出しながら進めましょう。前の更新料についての勉強会では、更新料の支払合意が消費者契約法に照らして有効か無効かという点について、下級審の判断は分かれているということを勉強しました。特にクローズアップされてきたのは、大阪高裁において、有効判決と無効判決の双方がなされたということからでしたね。そして、勉強会の段階では最高裁の判決が出ていませんでしたので、その判断内容がどのようなものになるのかについて関心が持たれたところでした。そこで、その後なされた最高裁第二小法廷平成23年7月15日判決（判例タイムズ1361号89頁、金融・商事判例1384号35頁）の判決要旨を、Cさんに読んでもらいましょう。

C書記官：【判決要旨】賃貸借契約書に一義的かつ具体的に記載された更新料の支払を約する条項は、更新料の額が賃料の額、賃貸借契約が更新される期間等に照らし高額に過ぎるなどの特段の事情がない限り、消費者契約法10条にいう「民法第1条第2項に規定する基本原則に反して消費者の利益を一方的に害するもの」には当たらない。

D裁判官：ありがとう。この最高裁の判決の中で更新料についての解釈が示されていますので、その部分もお願いします。

C書記官：「更新料は、期間が満了し、賃貸借契約を更新する際に、賃借人と賃貸人との間で授受される金員である。これがいかなる性質を有するかは、賃貸借契約成立前後の当事者双方の事情、更新料条項が成立するに至った経緯その他諸般の事情を総合考慮し、具体的事実関係に即して判断されるべきであるが（最高裁昭和58年(オ)第1289号同59年4月20日第二小法廷判決・民集38巻6号610頁参照）、更新料は、賃料と共に賃貸人の事業の収益の一部を構成するのが通常であり、その支払により賃借人は円満に物件の使用を継続することができることからすると、更新料は、一般に、賃料の補充ないし前払、賃貸借契約を継続するための対価等の趣旨を含む複合的な性質を有するものと解するのが相当である。」途中省略しますが、「一定の地域において、期間満了の際、賃借人が賃貸人に対し更新料の支払をする例が少なからず存することは公知であること

や、従前、裁判上の和解手続等においても、更新料条項は公序良俗に反するなどとして、これを当然に無効とする取扱いがされてこなかったことは裁判所に顕著であることからすると、更新料条項が賃貸借契約書に一義的かつ具体的に記載され、賃借人と賃貸人との間に更新料の支払に関する明確な合意が成立している場合に、賃借人と賃貸人との間に、更新料条項に関する情報の質及び量並びに交渉力について、看過し得ないほどの格差が存するとみることもできない。」

D裁判官：この判決によって、更新料の意義や性質がよく分かりますね。それに更新料の支払合意についての考え方が示されました。もちろん、更新料の適正額が問題になりますので、あまりにも高額なものについては合意の効力が否定されることになります。ところで、Bさん、適正な額での更新料支払合意がある場合、賃借人が更新料を支払わなかった場合は、賃貸借契約の解除事由となりますか？

B事務官：最高裁の判決では、更新料の支払合意は有効とされましたので、賃借人が更新料を支払わなかった場合は、賃貸借契約の解除事由になると考えてよいのではないでしょうか？

D裁判官：私もそう考えてよいのではないかと思います。今、Cさんに読んでもらった判決の中でも示された判例ですが、最高裁第二小法廷昭和59年4月20日判決（判例時報1116号41頁、判例タイムズ526号129頁、金融・商事判例699号12頁）は、「建物の所有を目的とする土地の賃借権の存続期間の満了にあたり、賃借人が賃貸人に更新料の支払を約しながらこれを履行しなかった場合において、右更新料が、将来の賃料の一部、借地法4条1項及び6条所定の更新についての異議権放棄の対価並びに賃借人の従前の債務不履行行為についての紛争の解決金としての性質を有する等判示のような事実関係があるときは、賃貸人は、更新料の支払義務の不履行を理由として、更新された後の賃貸借契約を解除することができる。」としています。それから、東京地裁平成5年8月25日判決（判例時報1502号126頁、判例タイムズ865号213頁）は、更新料支払合意は法定更新の場合にも適用され、更新料不払いを理由とする建物賃貸借契約の解除を認めています。ということで、今日はここまでにしましょう。次回

は、いよいよ建物賃貸借契約終了関係までいけそうですね。退去に伴う原状回復請求事件も多く係属しますので、この点に関する疑問点や問題点も含めて勉強しましょう。

13 建物賃貸借関係（その4）

D裁判官：いよいよ建物賃貸借関係の最終章になりますね。Bさんは住まいが決まったようですし、現在は引っ越しの準備中といったところでしょうか？

B事務官：はい。でも、引っ越しといってもたいした荷物もありませんし、将来の転居も考えてなるべくシンプルにして、家具なども必要最小限度にと思っています。

C書記官：賢い方法ですね。考え方次第ですが、家具を揃えても、転居した場合、間取りや窓などの位置関係でサイズが合わなくなったりしますし、なによりも引っ越しのときが大変になりますからね。ところで、礼金、敷金についてはどうでしたか？

B事務官：今日の勉強会の参考にと考えて賃貸借契約書のコピーを持ってきました。礼金は賃料の1か月分、敷金は2か月分となっています。賃貸借の期間は2年で、契約を更新する場合は、更新料を支払うことになっていて、法定更新の場合も含めて1か月分となっています。

C書記官：敷金に関して敷引特約がありますか？

B事務官：敷引特約というのは、賃貸借契約終了後に、敷金から一定の金額を賃貸人が控除して、残額を賃借人に返還するという約定ですね？それはありません。

C書記官：敷引特約は関西地方に多く見られるものと思っていましたが、関東地方でも敷引特約をつける賃貸人もあるようになっていますし、現に訴訟でも散見されますからね。

D裁判官：敷引特約については、昨年（平成23年）最高裁の判決が出されていますので、その結果等については是非知っておく必要がありますね。礼金の意味等については、以前の建物賃貸借関係（その1）でやっていますので思い出してください。そのときに、敷金については、「後で」

ということにしていましたので、敷金についての基本的な点を捉えてから敷引特約の判決内容をみていきましょう。まず、敷金を差し入れたばかりのBさんに敷金の意義を述べてもらいましょう。

B事務官：敷金というのは、賃貸借契約上の賃借人の債務を担保する目的で、賃借人から賃貸人に交付される金銭で、賃貸借終了の際、賃料不払いや賃借物件を毀損した場合の損害賠償責任などの賃借人の債務があれば、それを控除して返還されるものといわれています。

D裁判官：民法は「敷金」という言葉を、316条と619条2項で使っていますね。敷金の定義付けはしていませんが、敷金は返還が予定されるものとして規定しています。Bさん、参考のために各条文を読んでみてください。

B事務官：316条「賃貸人は、敷金を受け取っている場合には、その敷金で弁済を受けない債権の部分についてのみ先取特権を有する。」619条2項「従前の賃貸借について当事者が担保を供していたときは、その担保は、期間満了によって消滅する。ただし、敷金については、この限りでない。」

D裁判官：ありがとう。敷金についての理解を深めるために、Bさんが持ってきてくれた賃貸借契約書の該当条項を読んでもらいましょう。

B事務官：賃貸借契約書の第6条に【敷金】として規定されています。

（1項）乙（賃借人）は、本契約から生じる債務の担保として、頭書に記載する敷金を甲（賃貸人）に預け入れるものとする。

（2項）乙は、本物件を明け渡すまでの間、敷金をもって賃料、共益費その他の債務と相殺することができない。

（3項）甲は、本物件の明渡しがあったときは、遅滞なく、敷金の全額を無利息で乙に返還しなければならない。ただし、甲は、本物件の明渡し時に、賃料の遅滞、原状回復に要する費用の未払いその他の本契約から生じる乙の債務の不履行が存在する場合には、当該債務の額を敷金から差し引くことができる。

（4項）前項ただし書の場合には、甲は、敷金から差し引く債務の額の内訳を乙に明示しなければならない。

D裁判官：ありがとう。この条項によって敷金のことがよく分かりますね。また、敷金に関する疑問点で、この条項を分析して読めば解答が導き出されるようになっていますが、復習の意味で2、3疑問点を挙げてみましょう。まず、敷金の返還請求権の成立時期ですが、この点について、Cさんいかがですか？

C書記官：敷金の返還請求権の成立時期については、賃借家屋の「契約終了時説」と「明渡時説」があるようですが、「明渡時説」をとりたいと思います。理由は、賃貸借終了後、賃借人が家屋を返還したときに敷金返還債務が発生し、敷金は家屋返還までに生じる賃料相当損害金や損害賠償等の債権を担保するものだからです。「契約終了時説」に立ちますと、賃貸借期間が過ぎても賃借人が家屋に居座っていた場合などの賃料相当損害金をどう扱うのか？等の問題が生じますので。Bさんが読んでくれた第3項は「明渡時」であることを明記しています。

D裁判官：そうですね。判例（最高裁第一小法廷昭和49年9月2日判決、判例タイムズ315号220頁、判例時報758号45頁）の立場も「明渡時説」ですね。次の疑問点は、賃借人が賃貸人に対して、敷金を返還してくれなければ建物は明け渡さないと主張した場合に、この主張は認められるかどうかというものです。つまり、家屋明渡債務と敷金返還債務とは同時履行関係になるのかどうかというものです。Cさん、どうですか？

C書記官：家屋明渡債務と敷金返還債務とは同時履行関係にはならないと記憶していますが。

D裁判官：そうですね。今紹介した最高裁第一小法廷昭和49年9月2日判決は、家屋明渡債務と敷金返還債務とは同時履行関係にあるかどうかについて判断したものです。判決要旨は、「家屋の賃貸借終了に伴う賃借人の家屋明渡債務と賃貸人の敷金返還債務とは、特別の約定のないかぎり、同時履行関係に立たない。」としています。判決の中で、「明渡時説」の立場を明確にし、敷金の意義等についても述べていますので、少し長くなりますが、該当箇所を参考のために、Bさんに読んでもらいましょう。

B事務官：「賃貸借における敷金は、賃貸借の終了後家屋明渡義務の履行ま

でに生ずる賃料相当額の損害金債権その他賃貸借契約により賃貸人が賃借人に対して取得することのある一切の債権を担保するものであり、賃貸人は、賃貸借の終了後家屋の明渡がされた時においてそれまでに生じた右被担保債権を控除してなお残額がある場合に、その残額につき返還義務を負担するものと解すべきものである（最高裁第二小法廷昭和48年2月2日判決参照）。そして、敷金契約は、このようにして賃貸人が賃借人に対して取得することのある債権を担保するために締結されるものであって、賃貸借契約に附随するものではあるが、賃貸借契約そのものではないから、賃貸借の終了に伴う賃借人の家屋明渡債務と賃貸人の敷金返還債務とは、一個の双務契約によって生じた対価的債務の関係にあるものとすることはできず、また、両債務の間には著しい価値の差が存しうることからしても、両債務を相対立させてその間に同時履行の関係を認めることは、必ずしも公平の原則に合致するものとはいいがたいのである。一般に家屋の賃貸借関係において、賃借人の保護が要請されるのは本来その利用関係についてであるが、当面の問題は賃貸借終了後の敷金関係に関することであるから、賃借人保護の要請を強調することは相当でなく、また、両債務間に同時履行の関係を肯定することは、右のように家屋の明渡までに賃貸人が取得することのある一切の債権を担保することを目的とする敷金の性質にも適合するとはいえないのである。このような観点からすると、賃貸人は、特別の約定のない限り、賃借人から家屋明渡を受けた後の前記敷金残額を返還すれば足りるものと解すべく、したがって、家屋明渡債務と敷金返還債務とは同時履行関係にたつものではないと解するのが相当であり、このことは、賃貸借の終了原因が解除（解約）による場合であっても異なることはないと解すべきである。」

D裁判官：ご苦労様。読んでもらった判示の中で、最高裁第二小法廷昭和48年2月2日判決（判例タイムズ294号337頁、判例時報704号44頁、金融・商事判例353号5頁）を引用していますので、その該当部分を今度はCさんに読んでもらいましょう。

C書記官：「家屋賃貸借における敷金は、賃貸借存続中の賃料債権のみなら

ず、賃貸借終了後家屋明渡義務履行までに生ずる賃料相当損害金の債権その他賃貸借契約により賃貸人が賃借人に対して取得することのあるべき一切の債権を担保し、賃貸借契約終了後、家屋明渡がなされた時において、それまでに生じた右の一切の被担保債権を控除しなお残額があることを条件として、その残額につき敷金返還請求権が発生するものと解すべきである。」

D裁判官：ありがとう。実はこの判決は、敷金に関する疑問点の1つになる賃貸人の承継関係について判断しています。つまり、①賃貸借期間中に賃貸人が代わった場合、敷金に対する権利義務関係はどうなるかという点と②賃貸借終了後明渡前に当該家屋の所有権が他に移転された場合はどうなるかという問題です。その点については、Bさんの賃貸借契約書には明記されていませんが、この点についてどうですか？

B事務官：賃貸借期間中に賃貸人が代わった場合であっても、敷金に対する権利義務関係は新しい賃貸人が承継すると思います。賃貸借終了後明渡前であっても承継するのではないでしょうか？

D裁判官：Cさんはどう考えますか？

C書記官：賃貸借期間中に賃貸人が代わった場合は、Bさんと同じく承継されると考えます。賃貸借終了後明渡前の場合は、考えが分かれるのではないでしょうか？私は、新所有者に当然には承継されないのではないかと考えます。

D裁判官：賃貸借期間中に賃貸人が代わった場合、敷金に対する権利義務関係は新しい賃貸人が承継するということで異論はありませんね。賃貸借終了後明渡前の場合については、この最高裁判決は、「賃貸借終了後に家屋所有権が移転し、したがって、賃貸借契約自体が新所有者に承継されたものでない場合には、敷金に関する権利義務の関係のみが新所有者に当然承継されるものでなく、また、旧所有者と新所有者との間の特別の合意によっても、これのみを譲渡することはできないものと解するのが相当である。このような場合に、家屋の所有権を取得し、賃貸借契約を承継しない第三者が、特に敷金に関する契約上の地位の譲渡を受け、自己の取得すべき賃借人に対する不法占拠に基づく損害賠償などの債権

に敷金を充当することを主張しうるためには、賃貸人であった前所有者との間にその合意をし、かつ、賃借人に譲渡の通知をするだけでは足りず、賃借人の承諾を得ることを必要とするものといわなければならない。」と判示しています。当然には承継しないという立場ですね。この点について、内田貴著『民法Ⅱ［第2版］』180頁は、「この論理は、一見、賃借人に有利なようであるが、敷金返還請求をする相手が、もはや建物の所有権を失った元賃貸人となる点で賃借人に不利であり、疑問がないわけではない。」としています。それでは、いよいよ敷引特約の点に入りましょう。敷引特約が消費者契約法10条との関係で、有効判決と無効判決の双方が下級審において出されていましたが、2件の最高裁判決において一応判断基準が示されましたね。まず、最高裁第一小法廷平成23年3月24日判決（判例タイムズ1356号81頁、判例時報2128号33頁、金融・商事判例1378号28頁）の判決要旨を、Bさんに読んでもらいましょう。

B事務官： 判決の要旨は2つに分けられますので、分けて読みます。

(1) 敷引特約が消費者契約法10条により無効となる場合として、「消費者契約である居住用建物の賃貸借契約に付されたいわゆる敷引特約は、信義則に反して賃借人の利益を一方的に害するものであると直ちにいうことはできないが、賃借人が社会通念上通常の使用をした場合に生ずる損耗や経年により自然に生ずる損耗の補修費用として通常想定される額、賃料の額、礼金等他の一時金の授受の有無及びその額等に照らし、敷引金の額が高額に過ぎると評価すべきものであるときは、当該賃料が近傍同種の建物の賃料相場に比して大幅に低額であるなどの特段の事情のない限り、信義則に反して消費者である賃借人の利益を一方的に害するものであって、消費者契約法により無効となると解するのが相当である。」

(2) 本件においては無効ということはできないとして、「本件特約は、契約締結から明渡しまでの経過年数に応じて18万円ないし34万円のいわゆる敷引金を保証金から控除するというもので、上記敷引金の額が賃料月額の2倍弱ないし3.5倍強にとどまっていること、賃借人が、上記賃貸借契約が更新される場合に1か月分の賃料相当額の更新料の

支払義務を負うほかには、礼金等の一時金を支払う義務を負っていないことなど判示の事実関係の下では、上記敷引金の額が高額に過ぎると評価することはできず、消費者契約法10条により無効であるということはできない。」と判示しています。

D裁判官：この判決は、端的にいえば、敷引特約の有効、無効の判断基準を示し、訴訟で争われた本件事案においては無効とはいえないということを判断したものですね。そして、最高裁第三小法廷平成23年7月12日判決（掲載誌は前記判例と同じ。）においても、敷引特約が消費者契約法10条により無効とはいえないと判示していますね。今度は、Cさんに判決要旨を読んでもらいましょう。

C書記官：「消費者契約である居住用建物の賃貸借契約に付されたいわゆる敷引特約は、保証金から控除されるいわゆる敷引金の額が賃料月額の3.5倍程度にとどまっており、上記敷引金の額が近傍同種の建物に係る賃貸借契約に付された敷引特約における敷引金の相場に比して大幅に高額であることはうかがわれないなど判示の事実関係の下では、消費者契約法10条により無効であるということはできない。」

D裁判官：ありがとう。この判決には、「敷引特約は消費者契約法10条により無効と解すべきである。」という岡部判事の反対意見がありますね。反対意見の要旨は、①「賃貸借契約においては、賃借人は賃料以外の金銭的負担を負うべき義務を負っていないところ（民法601条）、本件特約は、本件敷引金の具体的内容を明示しないまま、その支払義務を賃借人に負わせているのであるから、任意規定の適用の場合に比し、消費者である賃借人の義務を加重するものといえる。」、②「本件敷引金の額は本件契約書に明示されていたものの、これがいかなる性質を有するものであるかについて、その具体的内容は本件契約書に何ら明示されていないのであり、（中略）したがって、賃貸人は本件敷金の性質についてその具体的内容を明示する信義則上の義務に反しているというべきである。加えて、本件敷金の額は、月額賃料の約3.5倍に達するのであって、これを一時に支払う賃借人の負担は決して軽いものでないのであるから、本件特約は高額な本件敷金の支払義務を賃借人に負わせるものであっ

て、賃借人の利益を一方的に害するものである。」というものですが、消費者契約法を考えるうえでも参考になると思いましたので紹介しました。ここまで、判決を読むのに時間を取ってしまいましたが、敷金返還請求の要件事実等を復習してから、抗弁となりうる原状回復義務について勉強しましょう。Cさん、「訴訟物」と「請求の趣旨」を挙げてください。

C書記官：訴訟物は、「敷金契約終了に基づく敷金返還請求権」で、請求の趣旨は、「被告は、原告に対し、金○○円及びこれに対する訴状送達の日の翌日から支払済みまで年5分の割合による金員を支払え。」となります。

D裁判官：ついでに「請求原因」をお願いします。

C書記官：賃借人をX、賃貸人をYとします。
①　XとYとが本件建物についての賃貸借契約を締結したこと
②　YがXに対し、①の契約に基づいて本件建物を引き渡したこと
③　XとYが敷金授受の合意をし、これに基づいてXがYに敷金を交付したこと
④　本件賃貸借契約が終了したこと
⑤　XがYに対し、賃貸借契約終了に基づき本件建物を返還したこと
⑥　XがYに対し、②から④までの期間の賃料及び④から⑤までの期間の賃料相当損害金を支払ったこと

D裁判官：「請求原因」の⑥についてですが、賃貸借が終了した場合において、賃借人が賃貸人に対して負担する債務が存在するときには、当然に敷金をもってその弁済に充てられ、また、賃貸借が終了した後、明渡しまでの間の賃料相当損害額の債務についても敷金の中から当然に差し引かれることになりますので、賃借人が、敷金の返還を求めるには、賃料及び賃料相当損害金を支払っている事実を主張立証する必要があるからですね（参考・加藤新太郎＝細野敦著『要件事実の考え方と実務［第2版］』208頁）。敷金によって担保されるのは、賃貸借契約から生ずる一切の債務ですが、これらの債務の発生原因事実は抗弁に回ります。事案として一番多いのは、原状回復費用の控除ということになりますので、その要

件事実を挙げてみてください。

C書記官：原状回復費用の控除の抗弁事実は次のとおりになります。
① 本件建物の明渡し・退去時に、修繕・交換を必要とする限度の損耗・汚損した部分があること
② 当該損耗・汚損が、Xの入居期間中に発生したこと
③ 当該損耗・汚損が通常の使用により生ずる程度を越えること、又は通常の使用により生じる損耗・汚損の修繕・交換費用についてXが負担するとの合意があること（原状回復特約）
④ Yが、当該損耗・汚損した部分の修理・交換のために費用を支出したこと（参考・岡口基一著『要件事実マニュアル［第2版下巻］』114頁）

D裁判官：ありがとう。敷金返還請求事件については、必ずといっていいほど原状回復費用の負担について争われます。なぜ争いになるのかといえば、賃貸人、賃借人のどちらがどの範囲で負担するのか明確でないからということに尽きますね。しかし、それでは困りますので、国土交通省住宅局が「原状回復をめぐるトラブルとガイドライン」を作成し、東京都も「賃貸住宅トラブル防止ガイドライン」を作成して、原状回復にかかるトラブルの未然防止を図っています。それでも、裁判所に係属する事件は多いですね。まず、Bさんに、国土交通省のガイドラインにおける原状回復の定義を述べてもらいましょう。

B事務官：「賃借人の居住、使用により発生した建物価値の減少のうち、賃借人の故意・過失、善管注意義務違反、その他通常の使用を超えるような使用による損耗・毀損を復旧すること」と定義されています。

D裁判官：そうですね。原状回復とは、賃借人が借りた当時の状態に戻すことではありませんね。訴訟の当事者、特に賃貸人がそのように考えていることがあり、この場合、原状回復の意味を理解してもらうのに時間を要することがあることは私たちの経験するところです。私たち自身も、経年劣化や通常使用による損耗の修繕費用は、賃借人が負担するものではなく、賃料に含まれるものとして扱われるということをきちんと理解しておかなければなりませんね。ということは、簡単にいえば、経年劣化や賃借人の通常の使用により生ずる損耗以外の損耗の修繕費用は賃借

人が負担するということになります。ところで、国土交通省のガイドラインは、平成23年8月に再改訂が行われました。平成16年8月の改訂版と大きく異なるのは、「税制改正による残存価値割合の変更」です。つまり、「改訂版」では、経過年数による減価割合については、償却期間経過後の賃借人の負担が10％となるようになっていましたが、平成19年の税制改正によって残存価値が廃止され、耐用年数経過時に残存簿価が1円まで償却できるようになったのを受けて、「再改訂版」では、ガイドラインにおける経過年数の考慮も、税制改正に従った形で改訂されています。その他の主な再改訂の概要は、どのようなものがありますか？

C書記官：残存価値割合の変更以外の再改訂の概要として、次のものが示されています。

1　原状回復にかかるトラブルの未然防止として
　(1)　賃貸住宅標準契約書との連動を意識した原状回復条件様式の追加
　(2)　原状回復費用精算書様式の追加
　(3)　特約の有効性・無効性に関する考え方の明確化
2　Q&A、裁判事例の追加

D裁判官：国土交通省のガイドラインは、一般的な基準を示したものであって、法的拘束力を持つものではありませんが、裁判実務上においても重要な位置付けがなされているのが実情だと思います。ところで、話は変わりますが、Cさんはタバコを吸いませんでしたよね？

C書記官：今は吸っていません。結婚前までは吸っていましたが、結婚を機に止めたというか、止めさせられたというか。子供ができてみて、タバコを止めて良かったと思っています。Bさん、彼はどうですか？

B事務官：残念ながら吸っているんです。私も結婚を機会に止めてもらいたいと思っています。どうすれば止められますか？

C書記官：私の場合は、ヘビースモーカーというほどではありませんでしたので、止めるのにそんなに苦労したということはありませんでした。というのが表向きの回答で、実は妻から、私とタバコのどちらを採るの？とも言われました。

B事務官：その言葉いただきます。私も言ってみます。でも、タバコを採る

と言われたりして……。

C書記官：「やはりタバコの方を……」ということはないと思いますが、「タバコも。」と言われる可能性はありますね。

D裁判官：Bさんをあまり不安にさせないように。ここでタバコに関する原状回復費用の負担について考えてみましょう。タバコのヤニや臭いが天井や壁のクロスに付着した場合、それは通常使用の範囲内にあたるのかどうか？ということです。Bさん、どうですか？

B事務官：ガイドラインでは、「喫煙自体は用法違反や善管注意義務違反にあたらず、クリーニングで除去できる程度のヤニについては、通常の損耗の範囲と考えられる。」となっていたと思いますが。

D裁判官：確かに、「改訂版」ではそのように考えられていましたね。臭いの点については、ガイドラインに触れられていませんので、当時、ガイドライン作成にあたって、臭いに対する認識はあまり強くなかったのでしょうね。ところで、「再改訂版」では、タバコ等のヤニ・臭いに対する考え方として、「喫煙等によりクロス等がヤニで変色したり臭いが付着している場合は、通常の使用による汚損を超えるものと判断される場合が多いと考えられる。なお、賃貸物件での喫煙等が禁じられている場合は、用法違反にあたるものと考えられる。」として、以前よりは喫煙をする賃借人側に厳しくなっていると解釈することができます。この考えは喫煙者の減少と嫌煙者の増加という社会現象からそうなったともいえますね。「再改訂版」が出される以前であっても、裁判実務の流れとしては、タバコのヤニ・臭いに対しては、通常の損耗の範囲を超えていると認定されるケースが増えつつありましたが。

C書記官：Bさんも、彼には原状回復の観点から責めるという方法もありますね。

B事務官：壁や天井のクロスを汚さないように、台所の換気扇の下で吸うとか、ベランダに出て吸うとかいう話を聞きますよね。その方法を取らないとも限りませんよね。

D裁判官：この間の新聞の「読者のページ」に、「下の階の住人がベランダに出てタバコを吸うので、窓を開けておくとタバコの煙が室内に入って

くるし、ベランダに干した洗濯物もタバコ臭くなってしまうので、洗濯物をベランダに干すこともできない。下の階の住人は、自分の家族のことや自宅の汚れのことに気をつかってベランダでタバコを吸うのかどうか分からないが、周囲にも気をつかってほしい。」いう内容の投稿がありましたが、換気扇の下で吸っても、強制的に煙を外に出すわけですから、住宅密集地では近所迷惑になることは間違いありませんね。Bさんは弱気にならずに、彼の健康のためにも考えてもらうということで。それに、受働喫煙の被害についても問題視されていますからね。

C書記官：喫煙者が吸い込む主流煙とタバコから出る副流煙とでは、煙に含まれる有害物質は副流煙の方が多いといわれていますね。どうしてそうなのだろうと調べてみたのですが、主流煙は燃焼温度の高い部分で発生し、タバコのフィルターを通過するのに対して、副流煙は燃焼温度が低いため、主流煙に比べて有害物質が高い濃度で含まれているということでした。例えば、ニコチンは2.8倍、膀胱発ガン物質のナフチルアミンは39倍、粘膜刺激・毒性のアンモニアは46倍、粘膜刺激・繊毛傷害・咳反射のホルムアルデヒドは50倍、強力な発ガン物質のニトロソアニンにいたっては52倍ということらしいです。この数字をみて、受働喫煙の害というものがよく分かりました。

D裁判官：Cさんもよく調べましたね。身近な例でいえば、灰皿に置いたタバコから立ち上る煙に、ツンとする刺激臭がして、目が痛んだり咳き込んだりすることがありますが、この煙には主流煙よりも刺激臭が多く含まれているためといわれていますね。

B事務官：やはりタバコは止めてもらいます。私のため、健康のため、そして原状回復費用を安くするためにも。

C書記官：そして、将来生まれてくる赤ちゃんのためにも。私も子供を持って、つくづく止めて良かったと思っています。

D裁判官：喫煙者にはあまり面白くない話になってしまいましたが、臭いといえば、ペット臭もありますね。Cさんは、チワワを室内飼いしていますが、臭いはどうですか？

C書記官：トイレの関係やブラッシングなどそれなりに気は遣っています

が。でも、自分はそんなに気にならないのですが、両親が家に来たときなど、「臭い！」と言われますね。

D裁判官：クロスの消臭や消毒の費用を原状回復費用として、ペットを飼っていた賃借人が請求される場合がありますが、賃借人のほとんどは、「ペットの臭いはしませんので、消臭や消毒の費用請求は認められない。」と反論しますね。ペット臭は自分では気が付かないということもありますからね。

C書記官：そういえば、この間の敷金返還請求事件の弁論の際に、原告が、「猫用のトイレの砂は、外国製の値段の高いものを使用しているので、ペット臭がするということは絶対にありません！」と明確に言い切っていました。

B事務官：値段の高いものを使っているからといっても、臭いはトイレばかりでなく、いわゆるペットの体臭もあるのではないでしょうか。ところで、「ペット可」という賃貸住宅が増えてきたように思いますが、「ペット可」の場合でも、原状回復費用としてクロスの消臭や消毒の費用を請求されるのでしょうか？

D裁判官：Cさんはどのように考えますか？

C書記官：ペットを飼っている立場としては、「ペット可」ということは、ペットには臭いがあることを容認しているということにもなりますので、通常の飼育であれば通常損耗の範囲内と考えたいところですが。

D裁判官：確かにそのような考え方もできますね。「ペット可」としているために近隣の賃貸住宅より賃料を高めに設定している、あるいは、ペット飼育に伴う損耗に充てるために一定額の敷引特約を定めているなどの場合は、一般的には、特別な費用の支出を伴うというような事情がなければ、賃借人に負担を求めるということができないと考えられますね。それから、参考判例としては、東京簡裁平成14年9月27日判決は、具体的には、Cさんと同じ犬種のチワワの室内飼いの事案ですが、ペット飼育に起因するクリーニング費用（消毒費用）を賃借人負担とする特約は有効であるとしています。ペット臭というのは、目に見えるものではないので、争われた場合、判断がなかなか難しいので、様々な状況を総合

して検討することになりますね。

C書記官：ペットの場合、臭いばかりでなく、毛の問題もありますからね。犬の場合は、シングル被毛とダブル被毛の違い、長毛種と短毛種の違いなどによって、抜け毛の量に差がありますが、どうしても毛が抜けて、いろんな所に付着しますので、ペットを飼っている立場でありながら、クリーニング費用の負担については、賃借人としてはある程度飲まなければならないのではないかという感想を持っています。

D裁判官：Cさんのような賃借人ばかりですと、賃貸人とのトラブルも少なくて済みそうですし、裁判所の苦労も軽減されますね。しかし、そう簡単には解決しないのが現実ですね。ところで、原状回復義務に関して、クロスやカーペットなど経過年数を考慮するものがありますが、Cさん、この経過年数導入の考えを簡単に説明してください。

C書記官：クロスやカーペットなどは、時の経過とともに劣化していきます。これをガイドラインでは「経年変化」といっていますが、原状回復義務の負担については、いわゆる耐用年数というものが考慮されなければならないという考えです。例えば、賃借人が入居期間1年で毀損させた場合と、5年で毀損させた場合とで同じ修繕費の負担ということになりますと、5年の期間の経年変化や通常損耗の部分が考慮されなくなり、賃借人相互の公平にも欠くことにもなりますし、賃貸人と賃借人間の費用負担に合理性がなくなるからです。つまり、賃借人の負担については、建物や設備等の経過年数を考慮し、年数が多いほど負担割合を減少させるということです。

D裁判官：そうですね。それで、クロスやカーペットなどの場合に、耐用年数を6年と考えて、6年後には残存価値1円となるような線を描いて経過年数により賃借人の負担を決定するということになります。ところで、壁クロスに子供が消せない落書きをしてしまったという場合、賃借人の負担すべき範囲についてはどのように考えますか？

B事務官：落書きをされた部分のみの補修費用ということにもならないのでしょうね？

C書記官：クロスの場合は、毀損された部分を含む最低平方メートル単位で

考えるようですが、色や模様あわせの関係でその面部分の負担もやむを得ない場合があると考えられているのではないでしょうか。そして、賃借人の負担単位に経過年数を考慮することにより、賃借人の負担額が決定されるということになると思います。

D裁判官：フローリングの場合は、経過年数を考慮しないとされていますが、それはどうしてですか？

C書記官：建物本体と同様に長期間の使用に耐えられる部位であって、部分補修が可能なフローリングなどの場合は、部分補修したうえに形式的に経過年数を考慮すると、賃貸人にとって不合理な結果になるので、経過年数を考慮しないとされています。つまり、部分補修がなされたからといって、フローリング全体としての価値が高まったと評価できるものではなく、むしろつぎはぎ状態になりますので、部分補修の費用全額を賃借人が負担しても、賃貸人が当該時点におけるフローリングの価値を超える利益を取得したことにならないからです。

D裁判官：そうですね。それでは、障子紙や襖紙、畳表などについてはどうですか？

C書記官：それらのものは、消耗品としての性格が強く、毀損の軽重にかかわらず価値の減少が大きいので、減価償却の考え方を取り入れることには馴染まないので、経過年数を考慮しないで、張替等の費用については毀損させた賃借人の負担とするのが妥当だと考えられています。

D裁判官：原状回復費用の負担については、経過年数を考慮するものとしないものがあるということは理解しておかなければなりませんが、例えば、フローリングなど経過年数を考慮しないとされていても、全体を貼り替えたような場合は、経過年数を考慮するのが適当ということになります。このへんは捉えておく必要がありますね。最後はなんとなく駆け足的になってしまいましたが、建物賃貸借契約の締結から終了まで一通り学んだということにして、建物賃貸借関係についてはこれで終了としましょう。次回についてですが、アクティブな季節になりましたので、これまでとちょっと違った観点での「スポーツ関係編」とでも題して、予習なしの勉強会ということにしてみませんか？

C書記官：スポーツ大好き人間ですから、大賛成です。Bさんも、学生時代にアーチェリーをやっていたと聞いていますので。

B事務官：肩の凝らない勉強会なら大歓迎です。

D裁判官：それから、もう一点、お二人がよく知っているS裁判官が一度でよいので、勉強会に参加させてほしいと言ってきていますので、次回に参加させることでよろしいですね？

C書記官：S裁判官は、毎朝ジムに通ってから、出勤するという方ですから、いろんなお話が聞けそうですし、参加されることを歓迎します。

B事務官：私も、S裁判官から面白いお話が伺えるようで、楽しみです。

14　スポーツ関係（その1）

D裁判官：今日はSさんの出席もあって、にぎやかなスポーツ談義となりそうですね。

S裁判官：アカデミックな勉強会に突然押しかけてきて申し訳ありません。体を動かすことが大好きなので、スポーツにまつわる皆さんのお話をお聞きするのを楽しみにしております。

D裁判官：Sさんが聞き役に徹するということは考えられませんが、今日は息抜きということも必要ですので、勉強会というよりは、肩の凝らないスポーツ談義というスタンスでいきたいと思っています。Sさんはスポーツ大好き人間ですから、スポーツに関する蘊蓄（うんちく）をおおいに披露していただけるものと楽しみにしています。

C書記官：S裁判官は、早朝、ジムで汗を流してから勤務に就くということを伺っていますが、本当でしょうか？

S裁判官：恥ずかしながら本当です。早朝のジムに通って泳ぐことがすっかり習慣になっていて、そのために早寝早起きを心掛けていますし、お陰様でこのとおり健康です。

C書記官：実は、私も早朝にジョギングをするようになりました。ジョギングを始めてもう1年近くなりますが、今では、習慣として走っているという感覚で、いわば洗顔や歯磨きと同じような感覚になっています。S裁判官のスイミングも習慣になっておられるということですが、やはり日課の一部に取り入れられているという感覚でしょうか？

S裁判官：確かにスポーツをしているという気持ちではないし、努めて泳がなければならないという感覚でもないので、Cさんが言われるように洗顔や歯磨きと同じような日常の習慣になっているともいえますね。

B事務官：私の父にもS裁判官の「爪の垢」でも煎じて飲ませたいくらい羨ましいです。父は体を動かすといっても、せいぜい庭いじりをする程度

ですから。

D裁判官：Bさんのお父さんはSさんと同じくらいの年齢でしたよね。庭いじりといっても結構体力を使い、なによりも植物と触れ合うことによる精神的な癒し効果が健康にも繋がりますから、スポーツと関連するところがないとはいえないですね。しかし、SさんやCさんのパワーには脱帽です。私のような人間にはとても真似のできることではありません。ところで、突然ですが、Bさん、「スポーツ基本法」という法律に目を通したことがありますか？

B事務官：そのような法律があったように記憶していますが、目を通したことはありません。

C書記官：確か、「スポーツ振興法」が昨年（平成23年）全面改正されて、「スポーツ基本法」になったと記憶していますが、私も条文に目を通したことがありません。

D裁判官：2人が「スポーツ基本法」の条文に目を通したことがないというのは無理もありません。コンパクトな六法はもちろん、有斐閣の六法全書にも「スポーツ基本法」は載っていませんからね。ここに「法令検索」からプリントしたものを持って来ましたので、皆さんにお配りします。Cさんの記憶にあるように、「スポーツ基本法」は、平成23年6月24日に公布され、同年8月24日に施行されました。「スポーツ振興法（昭和36年6月16日法律第141号）」を全部改正したものですね。「スポーツ振興法」は、昭和39年に開催された東京オリンピックを控えて制定され、施設整備等に主眼が置かれていたといわれています。それに対し「スポーツ基本法」は、前文で、「ここに、スポーツ立国の実現を目指し、国家戦略として、スポーツに関する施策を総合的かつ計画的に推進するため、この法律を制定する。」ことを謳い、また3条で、「国は、前条の基本理念にのっとり、スポーツに関する施策を総合的に策定し、及び実施する責務を有する。」として、スポーツ振興を国家戦略と位置づけしています。それから、前文に、「スポーツは、世界共通の人類の文化である。」と共に、「スポーツは、心身の健康の保持増進にも重要な役割を果たすものであり、健康で活力に満ちた長寿社会の実現に不可欠であ

る。」とあります。前文は結構長いのですが、スポーツに関しての理念や理想など、良いことが書いてありますね。

S裁判官：「健康で活力に満ちた長寿社会の実現に不可欠である。」というのは、私やDさんにぴったりの言葉ですね。前文の中で私の気に入っている言葉があります。「スポーツを通じて幸福で豊かな生活を営むことは、全ての人々の権利であり、全ての国民がその自発性の下に、各々の関心、適性等に応じて、安全かつ公正な環境の下で日常的にスポーツに親しみ、スポーツを楽しみ、又はスポーツを支える活動に参画することのできる機会が確保されなければならない。」というところです。

B事務官：S裁判官は、「自発性の下に、各々の関心、適性等に応じて」日常的にスポーツに親しんでおられるということですね？

S裁判官：ずばりそのとおりです。スポーツは、「生涯にわたり心身ともに健康で文化的な生活を営む上で不可欠なもの」ですから。

D裁判官：東京都議会広報課・平成24年4月28日発行の「都議会だより・No.297」に目を通していたところ、「国会・政府への意見書（要旨）」という欄に、「学校におけるスポーツ指導に関する意見書」という記載があるのが目につきました。その意見書の内容は、「学校におけるスポーツ指導に関し、地区体育協会や医療関係団体、柔道整復業団体など専門的な知識・技能を有する関係団体と連携しながら、教職員に対する科学的知見に基づく研修や事故発生時のための救急救命講習、過去の重大事故の分析や防止策の研究等により、子どもたちが安心して学ぶことのできる万全な安全対策を講ずるよう強く要請する。」というものです。スポーツは楽しむものですが、危険と隣り合わせですので、特に学校におけるスポーツに関しての安全対策を講ずるように要請したのでしょうね。

S裁判官：確かに学校におけるスポーツ指導に関する事故で、訴訟で争われるケースも少なくありませんからね。

D裁判官：スポーツ基本法は14条で「スポーツ事故の防止等」を、17条で「学校における体育の充実」というものを規定していますね。Bさんは14条の条文を、Cさんは17条の条文を読んでみてください。

B事務官：14条「国及び地方公共団体は、スポーツ事故その他スポーツによって生じる外傷、障害等の防止及びこれらの軽減に資するため、指導者等の研修、スポーツ施設の整備、スポーツにおける心身の健康の保持増進及び安全の確保に関する知識（スポーツ用具の適切な使用に係る知識を含む。）の普及その他の必要な措置を講ずるよう努めなければならない。」

C書記官：17条「国及び地方公共団体は、学校における体育が青少年の心身の健全な発達に資するものであり、かつ、スポーツに関する技能及び生涯にわたってスポーツに親しむ態度を養う上で重要な役割を果たすものであることに鑑み、体育に関する指導の充実、体育館、運動場、水泳プール、武道場その他のスポーツ施設の整備、体育に関する教員の資質の向上、地域におけるスポーツの指導者等の活用その他の必要な施策を講ずるよう努めなければならない。」

D裁判官：ありがとう。東京都議会の「学校におけるスポーツ指導に関する意見書」は、このスポーツ基本法14条、17条にリンクするものといえますね。

S裁判官：話は変わりますが、昨年（平成23年）12月27日に横浜地裁で、「市立中学三年生の生徒が指導教諭と柔道の乱取り練習中に、教師の不注意により重傷を負った事故につき、市及び県の国家賠償責任が認容された判決（判例時報2140号28頁）がありましたね。この判決ばかりでなく、学校でのスポーツ事故に関する判決は結構ありますし、事故のニュースも時々報道されますから、学校における安全対策は急務ということで、東京都議会は国会や政府に対して要請したのでしょうね。

B事務官：私が中学生のとき、一学年下の子がプールで溺れかけて大騒ぎになったということがありました。学校でのプールでの事故も多いですよね。

D裁判官：スポーツ事故の発生の場として、学校事故ばかりでなく、競技事故、レジャー事故に分けて考えた方が分かりやすいものがあると思いますが、最初から事故の話題に入ってしまうとスポーツの楽しみも半減してしまいますので、スポーツ実践の話題から入りましょう。Bさんは、

現在、何かスポーツをしていますか？
B事務官：現在、特に継続して行っているスポーツはありません。学生時代にやっていたアーチェリーをまたやってみたいと思うときもありますが、機会がありませんし……。裁判所に入る前に勤めていた会社時代には、スキューバダイビングに夢中になったこともありましたが、現在は自分で行うスポーツらしきものには縁が遠くなってしまっています。

C書記官：今は花嫁修行でスポーツどころではありませんよね。これは冗談ですが、Bさんも本質的にはスポーツが好きなのですよね。この間旅行に行ったときに乗馬をやってきたと言っていましたしね。前に乗馬をやったこともあるのですか？

B事務官：乗馬は、学生時代に友達に誘われて乗馬クラブに通って、「乗馬5級のライセンス」を取った程度のことです。前に勤めていた会社は旅行会社ということと関係しているのかどうか分かりませんが、周りの人たちはフットワークが軽く、いろんなことにチャレンジするので、それに引き摺られてスキーやスノーボードなどの体験もさせていただいたりしました。ダイビングも誘われてやり始め、これはちょっと夢中になりました。

C書記官：Bさんは、アーチェリーもそうですが、乗馬やダイビングなど他のスポーツに比べて競技人口の少ない、そして私に言わせれば、お金がかかりそうな、いわゆる高尚なスポーツに馴染んでいるのですね。

B事務官：確かにスクールに入ったり、道具を揃えたりする初期費用はかかりますが、これはどのようなスポーツにも言えることだと思います。私にとって乗馬もダイビングも高尚なものという思いはないのですが、競技人口が少ないという感覚はあります。

S裁判官：Bさんが学生時代にやっていたというアーチェリーに興味がありますね。山本博さんが、2004年のアテネオリンピックで銀メダルを獲得し、アーチェリーが国民によく知られるようになりましたからね。アーチェリーのことを簡単に説明していただけませんか？

B事務官：アーチェリーのことを「洋弓」という人もいますが、基本的には弓で矢を射て、標的上の得点を競う競技です。日本で主に行われる競技

の種目は、「アウトドアターゲットアーチェリー」、「フィールドアーチェリー」、「インドアアーチェリー」です。私が学んだ大学は、「全日本学生アーチェリー連盟」に加盟していましたので、団体戦や個人戦に参加したことがありますが、成績の方は質問していただきたくありません。練習はそれなりにきついこともありましたが、総じて楽しかった思い出です。「社団法人全日本アーチェリー連盟」が日本を代表する団体になっていますが、連盟が、アーチェリーの理念や行動指針などを定めております。アーチェリーのことで質問があるものと思いましたので「理念・行動指針」、「安全宣言」、「事故防止に向けて」、「安全規定」などをコピーしてきています。

D裁判官：アーチェリーは本来狩猟のための飛び道具ですし、そのスピードや衝撃力はすさまじいものがあると聞いたことがありますので、連盟もやはり安全には気を配っているのでしょうね。

B事務官：アーチェリーの矢のスピードは、弓の強さにもよりますが、時速200～230キロくらいといわれています。そしてその衝撃力は、厚さ5ミリの鉄板を射抜くほどです。私も、徹底的に安全配慮の指導を受けました。連盟が「安全マナー」というものを定めていますので、当たり前のことですが、ピックアップして読んでみたいと思います。

・どのような場合でも、人に向かって弓を引かない。
・射つ人の前方、または前側に立たない。
・ターゲット付近に人がいないことを確認して、発射する。
・他の人が射っているときは、決してターゲットに近づいてはならない。
・空に向かって射たない。

その他、弓を引くときの姿勢や服装や弓具の点検のことなどが記載されています。

S裁判官：「安全マナー」が定められているうえに、「安全規定」というものもあるのですね。

B事務官：はい、「安全規定」というものが定められておりまして、第1章「使用弓具の保管責任」、第2章「活動中の保安管理」、第3章「活動外

の安全管理」、第4章「行射上の安全確認行為」、第5章「使用前後の点検確認」、第6章「行射時の前方確認」、第7章「シューティングでの配慮事項」、第8章「セットアップ時の安全」、第9章「競技者のエチケット（禁忌行為）」、「フィールド」となっております。

C書記官：その「安全規定」を遵守しなかったために他人に傷害等を与える事故を起こした場合には、直接「安全規定違反」ということで損害賠償請求できるのか、ちょっと疑問になりますね。

D裁判官：Cさんはどう考えますか？

C書記官：「安全規定」に法的拘束力があるのかどうか問題になるのでしょうが、少なくとも行為の指針になりますので、「安全規定」を守らなかったという点において、故意又は過失があったとして、民法の不法行為による請求ということになるのではないかと思います。そういう意味で、直接安全規定違反ということでの請求は難しいと考えます。

D裁判官：そうでしょうね。私も「安全規定」は、民法709条の「故意・過失」を認定するうえでの根拠となりうるものであっても、直接「安全規定違反」ということでの請求については消極に考えます。ところで、Bさん、アーチェリーをやっての醍醐味はどのような点にありましたか？

B事務官：的を射るときの緊張感でしょうか。また、的を射たときの達成感もあります。

S裁判官：想像できます。アーチェリーは狩猟道具だったわけですので、的を射るということは狩猟本能を満足させるということにもなるのでしょうね。もっと高尚的な言葉で言えば、緊張感と達成感が日頃のストレスを解消させてくれ、心身の健康に寄与するということになるということですね。

B事務官：競技会参加ということになると、ある意味それがストレスになりますが、趣味としてのアーチェリーなら他のスポーツ同様、心身の健康に寄与するということになると思います。「理念」にも、「私たちはアーチェリーを通して、健康で明るく、心豊かな生活を創造します。そして、日本と世界の人々が信頼で結ばれることが、私たちの真のターゲットです。」と記載されています。

14 スポーツ関係（その1）

D裁判官：Bさんに集中するようですが、次にダイビングの点に移りましょうか？特に遠泳をやるSさんにとってはダイビングのことには興味があると思いますし。

S裁判官：そうですね。私の場合はいわゆる海の水面部分を泳ぐということになりますので二次元の世界、ダイビングは海の中に入り込みますので三次元の世界という感じがします。海と泳ぎという点では共通していますので、海の中のことにはおおいに興味がありますね。

D裁判官：Bさんは、ダイビングは社会人になって始めたということでしたよね。ダイビングも一瞬の不注意が死に繋がるような気がしますが、いかがですか？

B事務官：ダイビングは一般に考えられているほど危険なものではありません。もちろん、適切な知識とある程度の技量が求められますが、インストラクターが同行した、深度の極浅い範囲に限定したいわゆる「体験ダイビング」にはCカードの必要がありませんし。

C書記官：Cカードというのは何ですか？資格みたいなものですか？

B事務官：Cカードというのは、ダイビング指導団体が、直接、またはフランチャイズを通じて実施する技能講習を終了した人に対し発行する技能認定（certification）カードのことをいいます。日本の法律では業務以外の目的でダイビングをするのに資格の必要はありませんが、潜水器材のレンタルを含むダイビング関連のサービスを受けるためにはほとんどの場合Cカードの提示が必要になりますので、体験ダイビングを除けば、Cカードを取得しなければ事実上ダイビングをすることができないということになります。

C書記官：そうすると、Cカードを取得するためには、技能講習を受けなければならないということですね。

B事務官：そうです。Cカードには、そのスキルに応じたランクが設定されています。その点の説明は省かせていただきますが、ダイビングスクールというものがありますので、そこで講習を受けてCカードを取得することになります。ダイビングを実際やってみまして、Cカード取得のための講習は危険回避のためには是非必要なものと感じましたし、より楽

しむためには的確な技能を備える必要があるとも感じました。私も先輩に連れられて講習を受けましたが、経験豊かなインストラクターの方に実技等を教えていただいて良かったと思っています。

S裁判官：ダイビングは、適切な知識と技能を有しない者が行った場合は事故発生の可能性は非常に高いといえますので、講習は大切ですね。私が年1回、7月の「海の日」前後に実施される、熱海東方の海上に浮かぶ初島から伊豆半島の網代漁港まで泳ぐ会（遠泳）に参加していますが、それでさえも万全の安全対策がとられていますからね。ところで、Bさんは、いろんな地域の海に潜っているのでしょうね？

B事務官：「体験ダイビング」をしたのは沖縄の海でした。それで、ダイビングに興味を持つようになりダイビングスクールに通いました。そのスクールは基本重視ということで、プールでかなり練習させられたという記憶があります。Cカードを取得してからは、近くでは真鶴や伊豆、房総半島の海、沖縄には何度か行っています。海外では、グアム、サイパン、バリ、モルディブなど一般的な所です。このように出掛けることができたのは、今考えると旅行会社に勤務していたことが大きかったような気がします。

C書記官：いろんな所に行っているのですね。羨ましいなー。ところで、感動したというか、記憶に残る海は何処ですか？

B事務官：どこの海も素晴らしいですが、沖縄の「青の洞窟」は、ダイビングを始めた初期のころに潜りましたので感動しました。エメラルドブルーに光る光景は、今でも目に焼き付いています。また、関東周辺の海と違って沖縄の魚はカラフルですので絵本のような世界に引き込まれたような感じがしました。そういう点では、海外で潜った海の魚も色とりどりで目を奪われてしまいます。澄み切った海の色や真っ白な珊瑚などは日本では体験できないものですし、海は別世界ですね。

C書記官：Bさんの話を聞いて、私もダイビングをやってみたくなりました。千葉出身ですから、海には馴染んでいるつもりですが、ただ海の表面で遊んでいたという程度ですから、本格的な潜りをやってみたい誘惑に駆られますね。

B事務官：ダイビングは本当に楽しいです。是非お勧めします。でも、危険も伴いますし、ダイビング中に起こりうる傷害もありますので、ちょっと説明させてください。一つは「スクイズ」という体内の空隙などが水圧によって押しつぶされたり引っ張られたりする現象です。耳抜きという動作をしっかりしておかないとスクイズによって鼓膜が破れるおそれがあります。それから、「肺の過膨張傷害」という息を止めて浮上したときに起きるものがあります。ダイビングでもっとも重要なことは、ゆっくり深く呼吸し、絶対に息を止めないことといわれています。その他に「減圧症」という症状を起こすこととか、「窒素酔い」、「酸素中毒」などがあります。レジャーダイバーがダイビングによって事故を起こした場合、サービス提供者は、事故を予見できたのにサービスの提供拒否などの適切な対応を取らなかったとして刑法上の業務上過失致死傷罪や民法上の不法行為責任を問われる可能性がありますので、その点の注意は、ダイビング前にサービス提供者からなされますし、事故防止と的確な技能を有しているのかどうかという観点からCカードの提示が求められますので、Cカードの取得は必須ということになります。

C書記官：うーん！ダイビングはやりたいけど、スクールに通うのは面倒というジレンマはどうすればいいのでしょう？

B事務官：観光旅行に行ったときに、Cカードの提示の必要がない「体験ダイビング」を経験されたらいかがですか？海の中には「竜宮城」がありますから。

D裁判官：Cさんは、釣りに関しては自他共に認めるベテランですが、一度は「体験ダイビング」をして、魚を釣りの対象としてではなく、美的な鑑賞の対象として眺めてみるのも良いかも知れませんね。ところで、話題を変えて、Bさんから、乗馬のことも聞いてみたいですね。私の住んでいる家の近くに「乗馬クラブ」というものがありますが、クラブ内での乗馬体験より野外での乗馬体験をしてみたいと思ったりもします。子どものころは、時代劇映画の中で馬を疾走させるシーンに目も心も奪われたこともありました。

B事務官：馬に乗って疾走させるというのは、かなり技術のいることだと思

います。少なくともライセンス3級程度の技能がないと難しいと思います。乗馬してみれば分かりますし、競馬のジョッキーを見ていても分かりますが、馬の背中は上下しますので、お尻を浮かせたり、沈めたりしなければなりません。馬の背が沈んだときにドスンと鞍に座るのは厳禁です。尾てい骨が再び上がってくる馬の背骨と衝突するということになり、この衝撃で脊椎にひびが入るということもあるようですので。

C書記官：乗馬にもライセンスが必要なのですね？

B事務官：そうですね。車の免許のようにライセンスがなければ乗馬できないということではありませんが、「社団法人全国乗馬倶楽部振興協会」が認定するライセンスを取得してから乗馬するのが事故防止の観点からも必要なのでしょうね。協会のライセンスは1級から5級までありますし、詳しい内容はよく分かりませんが、技術が進んだ人や競技に出たい人のための「社団法人日本馬術連盟」が審査するライセンスもあるようです。

S裁判官：馬に乗るというのは難しいのでしょうね。ベテランのジョッキーでさえも落馬しますし、かの源頼朝は落馬が原因で死亡したという説もあるくらいですからね。それから、早稲田には「落馬地蔵」という地蔵尊が祀られていますね。これは、三代将軍の徳川家光が高田馬場へ狩猟に向かう途中、急に馬が前足をあげて立ち上がった弾みで落馬したので、馬が急に立ち上がったのは訳があるだろうと付近を掘り起こさせたところ一体の地蔵尊が出土した。その地蔵尊を祀ったのが、いつしか「落馬地蔵」と呼ばれるようになったという話です。

B事務官：乗馬クラブなどでの落馬の一番の原因は、騎乗者の未熟さによる馬上でのバランスの取り損ねといわれています。落馬時の対処についても指導を受けますが、覚えていることは、①馬の首にしがみついた場合、回転して馬の前に落ちないように注意する。前に落ちてしまうと、そのまま馬に踏まれてしまう危険性があるため。②落ちるときはできるだけ鐙を外す。鐙を支点として回転して頭から落ちると危険なため。③着地するまではできるだけ手綱から手を離さない。これにより足から着地できる可能性が高まるため。④着地した後はすぐに手綱を放す。手綱

を持ち続けていると、走り去ろうとする馬に引きずられてしまう可能性があるため。その他にも対処の仕方があるのでしょうが、私が乗馬する際には、この４点を強く意識しています。

C書記官：馬に乗ると目線が高くなるので、気持ちがいいという話を聞いたことがありますが、乗ってみての感想はどうですか？

B事務官：目線が高くなるのは確かです。乗馬をする人の中では騎乗自体を楽しむという人が多いと思いますが、近年では、乗馬による心身の癒し効果の見地から、治療行為としての乗馬（ホースセラピー）が広まりつつあると聞いています。乗馬をしてみますと、馬との一体感が生まれてくるというのは本当だという感想を持ちます。それが乗馬における楽しさの１つともいえると思います。

S裁判官：馬は、歴史的には人間の生活には欠かせない存在だったわけですし、乗馬というのは、歴史的には陸上における個人の移動手段だったわけですね。近年では、乗馬は趣味やスポーツとして楽しまれるようになりましたが、「競馬」というものも面白いですよ。決して、賭け事を勧めているのではなく、野球やサッカー観戦と同じような感覚での、自分が応援する馬が勝てるのかどうかという健全な発想ですので、誤解のないように。

D裁判官：自分の応援する馬の枠の馬券を買うということは、ある意味、より競馬を楽しむためともいえるのでしょうね。競馬にのめり込んで、破産手続などで裁判所の世話になるというよう人もないわけではありませんが、こういう場合は別問題ですね。古い話になりますが、Sさんは、Bさんが生まれる前の20代のころには時々場外馬券を買ってきて、「勝った！」、「負けた！」と、喜怒哀楽していましたからね。今の話では「今でも。」のようですね。ところで、Bさんからは、アーチェリー、ダイビング、乗馬についての楽しさと共にそれぞれについて事故防止のための方策という貴重な話を伺うことができ、大変参考になりました。どのようなスポーツでも危険が伴いますが、そのスポーツに関する適切な知識と技能がないと危険性が高まるということになります。知識と技能を持ち合わせていない者が事故を起こした場合、まさしく自己責任という

ものになりますし、仮に当該事故によって管理・監督者の責任が問われるということに話が進んでも、過失相殺の観点から論じられることにもなりますからね。

S裁判官：スポーツによる怪我と自己責任、このことはスポーツを楽しむ人間にとっては肝に銘じなければならないことですし、怪我をしないための知識と技能を身に付け、安全対策をきちんと講じなければならないということにつきますね。

D裁判官：そういうことですが、Sさんは、2年前の遠泳で足が攣ってしまい、このまま溺れて死ぬのではないかという恐怖感を味わったと言っていましたが、体調管理が万全であっても、思わぬアクシデントに襲われるということもありますしね。

S裁判官：あのときは、随行してくれていた漁船の人に見つけてもらい、命が助かりました。それから、海水温は年によって違いますが、ある年は海水温が低く、あまりにも冷たくて、途中で船に上がったのですが、手足の先は青白くなり、震えが止まらず、吐いてしまったということもありました。

B事務官：遠泳というのは、大変なことが多いのですね。ところで、初島から網代漁港までどのくらいの時間で泳ぎ切るのですか？それから、どのような方々と一緒に泳いでいるのですか？

S裁判官：潮流が後ろから押してくれるという幸運なときは、最短で4時間くらいです。逆に潮流が良くないときは最長8時間くらいになります。30分泳いで5分間海中で休み、休むときには漁船から配られるバナナを食べたり、水分を補給したりします。一緒に泳いでいるメンバーには素晴らしい経歴の持ち主がおります。例えば、85歳でマスターズ水泳大会自由形全日本ランキング1位の人、ローマオリンピック大会の水球のキャプテンだった人、ライフセイバー大会元全日本チャンピオンの人などがおりますが、私のようななんの経歴も持たない者もいるというわけです。

C書記官：遠泳で注意している点などはありますか？

S裁判官：先ほど言った海水温や潮流をみることは重要ですね。潮流が前方

から押してくるときには、あえて逆らわずに斜め横から潮流を受けるようにしてジグザグに進むようにしますし、潮流が秒速1メートル以上あればどんなに頑張っても押し返されるので、その場合には中止になります。海はプールのようにコースロープがあるわけではないので、方向判断に苦労します。そこで、目標地点を2点定めて、その延長線上に自分を置いて泳ぐことが求められます。1点ですと、目標地点に進んでいるように見えても、その地点の周りを泳いでいるに過ぎない場合がありますので。

C書記官：海というのは、岸から離れるに従って、潮流が早くなり、海水の温度も下がってきて、水の色も青からだんだん変化して深みが増してきますから、泳いで行くにしたがって、かなりの緊張感も出てくると思いますが、遠泳の魅力はどのような点にあるのでしょうか？

S裁判官：自分への挑戦ということになりましょうか？海の中では、自分のことは自分しか守れないという極限状態に置かれますので、自分のことを客観的に見つめるよい機会になります。もちろん、泳ぎ切ったという達成感を味わうためでもありますが。そういう点では、Bさんがやっているダイビングにも共通すると思います。Bさん、いかがですか？

B事務官：そうですね。潜る前は、スキューバ・タンクから空気が漏れないだろうか、タンク内の圧力を呼吸に適した圧に自動的に調整してくれるレギュレーターは故障しないだろうかなどと、心配したらキリがないくらいですし、海の中では危険な所や物には近づかないという注意も必要ですが、S裁判官と同じように足が攣らないようにとか体調管理に気を配り、それから海面の上部と下部では海水温が違ってきますので、その点にも気を遣います。でも、潜ってしまうと、潜る前に感じていた不安をすっかり忘れてしまって、海の中では地上における自分とはまったく違う別の存在になってしまっています。

D裁判官：Bさんは、日常からの解放というかストレス解消を趣味のダイビングによっても得ているわけですね。スポーツを語るということだけでもストレス解消になりますので、今日は、まさに勉強会というストレスから解放されて楽しかったですね。次回は、まだまだ話足りないと思い

ますので、スポーツ談義の続きと、少し勉強会らしく「スポーツと法」や「スポーツ事故における損害賠償責任」のことなどに入りましょう。Sさんには、スポーツに関する判例なども紹介していただきましょうか。

15　スポーツ関係（その2）

D裁判官：今日は前回からの続きとなりますが、今回もSさんが出席してくれました。Sさんはスポーツ事故と損害賠償の観点から判例などを調べてきてくれたようですので、状況に応じて紹介していただきましょう。またSさんは遠泳ばかりでなく、自転車でも結構遠くに出掛けたりしておりますので、その折の体験談なども伺いたいと思います。自転車での断片的な体験談は聞いていましたが、聞いていて結構笑えるものですので楽しみです。ところで、「スポーツは、人間が考案した施設や技術、ルールに則って営まれる、遊技・競技・肉体鍛錬の要素を含む身体を使った行為。」と定義付けられているようですが、私たちは、どういう範疇までスポーツに含まれるのだろうかという点については漠然としていて明確には答えることができないと思います。具体的な範囲についてですが、「スポーツ事故における損害賠償責任（スポーツ法学会年報6号掲載）」の論考によりますと、スポーツ事故として取り上げる範囲としての「スポーツの範囲」を、将棋やトランプ、麻雀、パチンコのような運動量の少ないものは外し、大会に出るような競技活動や練習、レジャーとして行われるハイキングや登山、学校における運動授業や課外の運動はもちろん、保育所や幼稚園における遊技や鬼ごっこ、缶蹴りなどの子供の遊び、職場での軽い息抜きの運動もスポーツに含めてよいだろうとしています。そういう点においては、Sさんの自転車遠乗りもスポーツに含められるものと思います。さて、Cさんは毎朝ジョギングを続けているということですが、中学時代までは野球少年で、高校生から大学まではテニス部に所属していたということでしたね。現在もテニスは続けているのですか？

C書記官：現在もテニス好きの人間が集まっている同好会的なものに籍を置いていますが、結婚前ほど夢中になってテニスに打ち込むということは

なくなっています。同好会の飲み会などで、「僕はテニスと法廷の2つのコートで活躍しています。」などというダジャレを言って、それが受けて気分良くしたこともあったのですが。

B事務官： 私の気持ちの中では、テニスはスマートなスポーツだと思っています。高校時代、テニス部の男性が格好良く見えていましたし。

C書記官： そのテニス部の男性が格好良かったので、テニスがスマートに見えたのではありませんか？ ひょっとしたら、婚約者がテニス部だったとか。私のテニスを見たら、決してそんな風には感じなかったと思いますが。

B事務官： 彼はサッカー部でした。現在は、ワールドカップブラジル大会に向けて「ザックジャパン」が頑張っていますし、「なでしこジャパン」の活躍で、女子サッカーも脚光を浴びていますが、私の高校時代は男性のみの部活でしたので、私の個人的な感想を申し上げると、汗だくになって、ボールを追いかけてグランドを走り回り、あまりにも男臭いという感覚です。もちろん、サッカーが大好きな友達もおりましたが。

D裁判官： 実は、私も高校時代はサッカー部に所属していました。Bさんが言うように、晴れればグランドの土埃に、雨が降れば泥まみれになって、とてもスマートなスポーツとはいえない状況でした。練習に先輩がやってきては、地獄のしごきがあり、炎天下での練習でどんなに汗をかいても水を飲むことは厳禁というものでした。現在のスポーツ感覚からみたら脱水症状や熱中症の観点からも危険きわまりないことでしたね。それから、怪我が絶えませんでした。Bさんの時代には、サッカーも私たちの時代と違って洗練されたものとなっていたと思いますし、サッカー人口もサッカーファンも多くなっていたと思います。颯爽とグランドを駆け回るBさんの婚約者の方には沢山のファンがいたような気がしますね。ところで、国際サッカー連盟（FIFA）は、平成24年6月6日付の最新世界ランキングを発表し、日本は前回から7つ上げて23位となり、24位のオーストラリアを抜いてアジア勢最上位となったようですね。ちなみに1位はスペインで、2位はドイツと入れ替わってウルグアイがなったようです。話は変わりますが、Cさん、テニスがスマートな

スポーツと言われる由縁は、競技そのものもサッカーのように体のぶつかり合いがないという関係もありますが、着用する服装も清潔でプレーするにふさわしいものが要求されているということも関係してはいませんか？

C書記官：確かにそうですね。公式の試合などでは、服装の形や色を規制する場合があります。有名なウィンブルドン選手権の場合は、白を基調としたウェアとシューズの着用が義務づけられています。

B事務官：テニスボーイは、真っ白いウェアにラケットを抱えて、やっぱり格好が良いですね。でも、結構運動量も豊富なのでしょうね？

C書記官：そうですね。サッカーほどではないですが、ボールを追って結構走りますからね。それから、D裁判官がサッカーをやっていて怪我が耐えなかったということですが、テニスも油断大敵です。テニスの三大障害といわれるものがあります。足首の捻挫、肉離れ、テニスエルボーがそのようにいわれています。肉離れについては、どのようなスポーツにも共通するものと思いますが、季節の変わり目や練習前の準備体操の怠り、寝不足や疲労などの体調不良が重なったときに起きるといわれています。テニスではボレーを含むプレーでの一歩目の踏み出しの際によく起こります。テニスエルボーというのはテニス肘のことです。

S裁判官：準備体操というのは大事ですよね。Cさんは毎朝ジョギングをしているということでしたが、ウォーミングアップとクールダウンも徹底しているでしょう。

C書記官：いきなり走り出すことの危険性がよく分かります。まして、ジョギングをやっているのは朝ですから、体が十分目覚めていませんので、ウォーミングアップで体を温めて、ストレッチングで体の柔軟性を高めてからでないと、膝や腰、足の裏などを痛めてしまいますので、その点は心しているつもりですが……

S裁判官：ストレッチングは、日常生活の中においても取り入れたいですね。ストレッチングは、運動不足で固まった体をほぐし、全身の血流を良くして生活習慣病を予防する効果があるといわれていますので、Dさんも、脳が硬くならないように毎日15分のストレッチングを実行するこ

とをお勧めします。あまりやりすぎて「脳軟化症」になっても困りますが……

C書記官：ストレッチングは、呼吸を止めてはならず、ゆっくり一定のリズムで呼吸することが大切といわれていますし、反動をつけたり、伸ばし過ぎて痛いと感じるような動きは厳禁といわれていますね。分かっていながら、ジョギングの前には、つい早く体を温めようとして一生懸命やってしまいがちですが。

S裁判官：話は変わりますが、Dさんからスポーツに関する判例を調べておけという話がありましたし、Cさんがテニスをやっているということでしたので、テニスに関してどのような判例があるのか調べてみました。横浜地裁平成10年2月25日判決（判例タイムズ92号147頁）は、テニス教室でのテニスの練習中、練習生の打ったボールがコート脇で待機していた別の練習生の顔面に当たり、負傷した事件について、練習生及び指導コーチの過失を否定しています。少し長くなりますが、テニスの練習におけるコーチ及び練習生の配慮義務に関する点や練習待機中の原告の自己責任のことなどが判示されていますので、判決の要旨を読んでみます。「練習に参加している以上、現にプレーしている以外の練習生もボールの飛来する可能性のあるコート周辺で待機せざるを得ないことは当然である。したがって、各練習生は自ら適切な待機場所を選んで、自己の安全を確保し、かつ、プレーの妨げにならないように配慮すべき義務があるというべきである。自己のプレーの順番を待つ練習生がどの位置において待機するかはその練習生自身の判断と責任において決せられるべきものであって、現に練習を指導しているコーチはそのプレーにこそ細心の意を払うことが要請されているのであるから、待機中の練習生の待機位置などについては、（ことに本件のような上級者クラスにおいては）各練習生自身が適切に対処するであろうことを期待してよく、（プレー中のコート内に立ち入るなど明らかに不適切な行為を発見したような場合を除き）事細かな指示を与えるべき注意義務はないというべきである。本来練習とは技量の未熟を前提とし、その向上を図るために行われるものであるから、ルールを遵守してまじめに練習に取り組んだ結果、ミス

をしたとしても直ちに過失があるとはいえないことは明らかであり、被告乙にミスショットをしない（あるいは危険のないようにことさら弱いボールを打つ）注意義務があったとはいえないことは自明の理である（そのような義務を認めることは、練習という行為そのものを否定するに等しい。）。本件練習メニューが妥当なものであり、その際の待機位置については各練習生の判断に委ねられるべきものであったと解されることからすれば、仮に被告乙が当時原告の待機位置について認識していたとしても、自ら指導コーチに申出て練習の中断等の措置を採ってもらうべき義務があったとは認められないし、まして、練習生の一人に過ぎない被告乙が、同僚の練習生である原告に対して自らその待機位置などについて指示をすべき義務があったともいえない。」

C書記官：「練習時間中は、自分がプレーしていなくとも、プレーしているつもりでいろ！」と、我々テニス部員は顧問の先生からよく注意されていました。テニスの打球は、優に時速100キロを超えますし、スマッシュボールが顔面を直撃した場合などは大怪我をする場合があります。ですから、待機中でも、ボールから目を離すと危険だという意味もあったので、顧問の先生は口酸っぱく注意していたのだと思います。当時は、あまりそのようなことを考えずにサボりたい一心でしたが。事例の詳しい内容は分かりませんが、判決要旨を聞いていますと、プレー待機中の原告にその真剣さが欠けていたようにもとれますね。

S裁判官：Cさんの話は、先生の教え（注意）は、後でじっくり効いてくるという例えですね。それでは、他の事例を紹介します。Cさんは、中学時代までは野球少年ということでしたので、野球に関するものを。名古屋地裁平成18年1月28日判決（判例タイムズ1241号189頁、判例時報1965号14頁）は、県立高校野球部のゴロ捕り練習中の野球部員に、ノック練習のノックボールが当たり負傷した事故について、顧問兼監督の教諭の注意義務懈怠を認めて県に賠償命令を命じています。事案を簡単に説明しますと、外野手に対するノック練習と内野手によるゴロ捕り練習がグラウンド内において同時に行われていて、ノッカー（野球部員）が、内野手である原告の動きを十分に把握せずに、また1球ごとに内野手に周知

させないままノックを行い、そのノックボールを打ち損じた結果、発生したというものです。原告の請求は認められていますが、「原告においてもゴロを捕球、返球するに当たり、ノックの状況を一瞥しさえすれば、本件事故の発生を避けることができた可能性が高いといわざるを得ず、したがって、信義則上、原告の被った損害について、過失相殺を行うのが相当である。」として、4割の過失相殺をしています。

C書記官：私も守備練習中に他のメニューの練習をしていたグループの打ったボールが頭に当たったことがありました。思いがけない衝撃でしたので、痛かったという前にビックリしたというのが実感でした。怪我にはいたらなくても他の部員も多かれ少なかれ同じような体験しているようでした。同じグラウンドで、複数のボールが入り乱れるというのは危ないですよね。

S裁判官：それでは、もう1件。広島高裁平成4年12月24日判決（判例タイムズ823号154頁）は、高校野球の試合開始前の練習において、監督のノックした打球が三塁コーチス・ボックスにいた生徒に当たって負傷した事故について、監督に過失があったとして学校側の損害賠償責任を認めています。判決の中でノックを行う場合の注意義務に触れていますので、その部分を読んでみます。「野球の守備練習のためにノックをするに際しては、ノックを受ける選手が所定の位置につき、その準備が整ったことを確認し、十分意思の疎通を計ってからノックをすべきことはいうまでもないところであるが、同時に打球の方向にいる他の選手の動静にも注意を払いその安全を確認したうえノックをすべきであって、各選手の態度如何によっては、ノックを一時中止してその注意を喚起し、危険の発生を未然に防止すべき義務があるものといわなければならない。」

B事務官：野球も意外と危険なスポーツですよね。プロ野球においてさえ、打者がヘルメットをかぶってバッターボックスに入る理由も分かります。ところで、Cさんはジョギングをやっているということですが、ジョギングとランニングの違いがいまいち分かりません。どこが違うのですか？

C書記官：ジョギングというのは、ゆっくりした速さで走ることです。ジョ

ギングとランニングの違いは、会話をできる状態にあるかどうかといわれています。つまり、ジョギングは、一般的にランニングよりもスピードが遅く、長時間の「有酸素運動」ができることになっていますので、他のスポーツにおける持久力を高めるためのトレーニングとして、娯楽として、健康増進として、その他様々な目的で行われています。

B事務官： ついでにウォーキングとの違いも教えてください。

C書記官： ジョギングもウォーキング同様「有酸素運動」の代表選手ですが、その違いは「走る」と「歩く」の違いになります。つまり、両足が地面から同時に離れることがあるかどうかになります。ジョギングという走る動作の場合は、両足が同時に地面から離れるので、短いジャンプを連続的に繰り返していることになります。そういう点では「競歩」競技において、両足が同時に地面から離れると失格になるという意味も分かりますよね。ちなみに「有酸素運動」というのは、酸素を取り込んで体内の糖質や脂質をエネルギーに変換して行われる運動のことをいいます。

D裁判官：「ランナーズハイ」といって走っている間に苦しさがやわらいで、むしろ走ることを快感と感じるようになる現象があるようですが、Cさんもそれを感じますか？

C書記官： 走り始めに体が重くだるく感じることがありますが、そのうちにその苦しさもなくなって、いつまでも走っていられるような感じになり、また走っているのが楽しいという気分になるときもあります。ジョギングを継続することがさほど苦痛にならないということはいえます。そういうのを「ランナーズハイ」というのでしょうかね？ Bさんは、現在は特に継続したスポーツはやっていないということのようですので、ジョギングをお勧めしたいですね。

S裁判官： ジョギングは手軽にできますし、あらゆるスポーツの基本でもありますので、「どなたにもお勧め。」ともいえますね。ジョギングの効用を私に説明させてください。①心肺機能が高まります。②持久力が高まります。③ストレス解消に役立ちます。④ダイエット効果があります。⑤生活習慣病の予防になります。⑥脳の活性化に役立ちます。Dさんに

は、特に⑤番と⑥番のためにお勧めします。

D裁判官：それでは、生活習慣病の予防と脳の活性化のために明日からでも始めなければなりませんね。ところで、Bさんのジョギングに対する疑問が解消され、ジョギングの効用も紹介されましたので、Sさんの自転車の話を伺いましょう。Sさんの自転車というのは、軽いスポーツとしてのサイクリングともいえない、むしろ長距離を旅行するという意味のツーリングという範疇に入るようなものですが、様々な体験をしているようです。勉強会のリラックス効果のために記憶に残った代表的なものを話していただきましょう。

S裁判官：Dさんが言うほど大げさな体験はしていませんが、北海道のある裁判所に勤務しているときに、夏休みを利用して、なるべく多くの町を巡ろうとしたことがありました。「北海道はでっかいどう！」といわれるだけあって、真っ直ぐな道が何処までも続き、ペダルを漕いでも前に進んでいるのかどうか分からないような錯覚に陥ったり、人家が途絶えてからなかなか次の人家が現れず、そのうち段々暗くなってきて心細い気持ちにおそわれたりもしました。ウトロと羅臼を結ぶ知床峠を越えたときには、濃い霧に包まれ、鼻水をすすりながら自転車を押しましたね。十勝平野の真ん中で疲れてしまって、道端に腰を掛けて休んでいたときに通りかかった人が、「食べなさい。」とくれたメロンの甘い味は今でも忘れられません。夜はオートバイや自転車のツーリング族が利用するライダーハウスという宿に泊りましたが、その人たちの話は面白かったですよ。あるオートバイの男性は、自分は主に夜しか移動しない。日中は山に登っていたり、秘湯に入っていたりするというのです。その理由は、明確には語りませんでしたが、どうも免許停止中だったようです。夜の走行中に警察の取り締まりに遇ったことはなかったが、道路を堂々と闊歩しているエゾシカやキタキツネに遭遇することが多く、ぶつからないように気を遣うので疲れるとも言っていました。自転車の若い女性は、岐阜県から来てもう１か月も北海道を巡っているが、まだまだ周り切れてないということや、一人でも所々で友達ができるので寂しい思いはしたことがない。北海道の雄大な自然の中で暮らしたくなったの

で、「お嫁さんにしてくれる人はいないかしら？」とも言っていました。総じてツーリング族は愉快で気のいい人が多かったですね。また、バイクや自転車の良さを、ほとんどの人は、自動車と違って、その土地・土地の風の匂いを感じることができるというようなことを言っていました。実は札幌まで出て、仕上げは生ビールとジンギスカンという計画だったのですが、5日目にして、ふくらはぎがパンパンになり、おまけに土砂降りの雨に打たれて気力も失せて、情けない話ですが、そのときは志半ばにしてリタイヤしました。

D裁判官：私も北海道に勤務していたことがありますので、Sさんの話が感覚として分かるような気がします。ところで、長野県には「塩の道」というのが残っていますね。新潟県糸魚川から長野県大町、松本、塩尻にかけての千国街道（ちくにかいどう）は、日本の「塩の道」の代表的なものの一つといわれています。Sさんが、長野県の裁判所に勤めていたときに、Sさんの所に数人で遊びに行き、車でいろんな所を案内してもらったことがありました。その時に長野県の大町から白馬にかけて点在する仁科三湖の一つである青木湖の湖畔で車から降ろされ、「塩の道」を歩かされました。そんなに長い距離ではなかったのですが、鬱蒼とした樹木の中の道はもちろん未舗装ですし、当時の道標や道祖神なども残っていて、歴史を感じることができました。Sさんは、その時に言った言葉を覚えていますか？

S裁判官：覚えていますよ。あの時は「塩の道」を紹介するためではなく、別の目的があったからです。その目的というのは、霊を感じてもらおうと思ったもので、「寒気がしたり、背中が重くなったりしなかった？」と聞いたはずです。実は、自転車で「塩の道」を松本から糸魚川まで、先人が荷駄を牛の背に乗せて運搬した苦労を偲びながら踏破したことがあり、その時に、Dさんたちに歩いてもらった「塩の道」まで来たときに、背中がゾクゾクしてきて何かにのしかかられたように重くなり、体が通常の状態でない異様な感覚に襲われてしまったのです。それで、自分だけがそのような体験をしたのかどうかDさんたちで試してみたというわけです。

D裁判官：「あの時は、肩がずしんと重くなりました。」というのは嘘ですが、事情を隠して霊体験の検証をするのはひどいですよね。しかし、Sさんのツーリングはいろんな体験をするものですね。

S裁判官：ついでに笑い話を一つ。毎年1月2日、3日に箱根駅伝がありますよね。昨年（平成23年）は試しの意味で途中から途中まで選手たちを自転車で追いかけてみましたが、今年（平成24年）は本格的に大手町のスタート地点から小田原までを目標に追いかけてみました。選手の一団の後に各大学の乗用車、次に報道用の大型バス、その後ろに「規制解除車」という布を車体に取り付けたパトカーと白バイ2台がつきます。その直後を自転車グループが走るというわけです。スタート地点では30台くらいだった自転車グループが、途中からだんだん増えて50台くらいになりました。白バイの直後について時速20キロくらいを常に維持していないと、信号の規制が解除されて赤になってしまい駅伝の一団に振り切られてしまうので、信号が赤になる前に通過するために追う方も必死です。今年は残念ながら往路2区の難所といわれる権太坂の急勾配で息切れして振り切られてしまいました。振り切られてしまうと追いつくことは不可能に近いです。権太坂で振り切られた人たちが10名ほどいましたので、その人たちと一応は小田原まで自転車を走らせて、「来年こそは、ここ小田原中継所まで！」と誓い合いました。みんな初対面の人たちでしたが、同士という感じで仲間意識が芽生えましたね。あまり人には言えない箱根駅伝追随行ですが。

B事務官：箱根駅伝は私も大好きです。家族で見ています。S裁判官も別の形で参加しておられたのですね。

D裁判官：箱根駅伝は、国民に知れ渡ったスポーツですが、この場合のSさんの自転車はスポーツといえるのでしょうかね？野次馬的感覚が大という気がしますが……

S裁判官：ここで話を変えて、もう少し高尚な話題にしませんか？

D裁判官：それではご要望にお応えしまして、少し学問的な分野を。財団法人日本学術協力財団発行の「学術の動向」という雑誌の存在は知っているものと思いますが、2006年10月号18頁に「スポーツと法—競技会主催

者と参加者の法的責任─」という特集記事が載っております。筆者の菅原哲朗弁護士は、日本スポーツ法学会会長も務められておられるようですが、興味を持って読ませてもらいました。

S裁判官：「財団法人日本学術協力財団」といえば、そこで出版している日学新書1の『スポーツの科学』という本を持っています。第1章「わが国のスポーツ科学の動向」、第2章「動くからだの科学」、第3章「健康づくりとアスリートのスポーツ科学」に分かれていて、各大学の先生方が各項目について書いておられますが、スポーツをする人たちには一読を勧めたい本です。確かこの本の中にも「スポーツと法─競技会主催者と参加者の法的責任─」が載っていましたね。筆者は同じで、題名も同じですから、Dさんが紹介してくれた内容と同じだと思います。

C書記官：お二人が読まれている「スポーツと法」の内容を知りたいですね。

D裁判官：Sさんはすでに読まれているようでしたね。さすがに、Sさんのスポーツは科学的分野からも探求していて奥が深いですね。それでは内容の項目と「スポーツに法は介入せず」の部分の要旨を簡単に紹介しましょう。

1 「スポーツに法は介入せず」
2 「過失の構造」
3 「裁判官の事実認定」
 ・引率教諭の指導監督責任─予見と回避─・スポーツ競技会主催者の安全配慮義務・プロ競技選手の免責同意書
4 「アンチ・ドーピングと日本スポーツ仲裁機構」
5 「小さな危険と大きな安全」

　「スポーツに法は介入せず」の標題には、仕事柄興味が引かれますね。その要旨は、「ファールがあっても権威ある審判がルールに基づき公平に判定して反則を宣言し、ゲームは進行する。試合後に競技主催団体が選手に反則行為に罰金、出場停止などの制裁を課すことがあっても、スポーツの世界では暴行罪による逮捕、損害賠償などの訴訟沙汰になることはめったにない。その理由は、スポーツに法は介入

せずという常識が働くからだ。スポーツ法学では、スポーツは社会的に正当な行為であり、『許された危険』『危険引受』『被害者の承諾』『社会的相当行為』なので違法性が阻却される、と解釈する。スポーツ事故は、外形的には過失傷害罪で違法に見えるけれども、スポーツゲーム中にスポーツに内在する危険が顕在化し偶然生じた事故だから違法ではない、というのが違法性阻却事由である。」としています。この項目だけではなく、その他の内容も判例などを挙げ分かりやすく書いてありますので、我々の今回の勉強会には大変参考になるものだと思います。

B事務官：その記事を後でお借りして読ませていただきたいと思います。ところで、スポーツで一番事故が起きやすい種目はなんでしょうか？

S裁判官：アマ・プロすべてのスポーツを通して調べることはできませんでしたが、学校におけるスポーツ中の事故に限定すると、中学、高校ともに柔道が多いようですね。柔道練習中の判例を調べてみましたので、最近のものを数件紹介したいと思います。市立中学三年生の生徒が指導教諭と柔道の乱取り練習中に、教師の不注意により重傷を負った事故につき、市及び県の賠償責任が認容されたという、平成23年12月27日の横浜地裁判決については前回紹介しましたが、東京地裁平成23年7月2日判決は、原告が、被告高校の生徒として、柔道の背負い投げの授業練習中に傷害を負った事案について、授業担当教諭Aの原告への安全確保の注意義務違反があったとして、教諭Aの使用者である被告に損害賠償の支払を命じています。事案の内容は、原告は前回の事故によって受け身の練習が十分行われていなかったこととリハビリ中で体調が万全でなかったのに、背負い投げの練習に参加させたというものです。この判決の中で柔道に関しての最高裁判決を引用していますので、その部分を読んでみます。「柔道は技能を競い合う格闘技であり、本来的に一定の危険が内在しているから、学校教育としての柔道の指導、特に、心身ともに未発達な高校の生徒に対する柔道の指導にあっては、その指導にあたる者は、柔道の試合又は練習によって生ずるおそれのある危険から生徒を保護するために、常に安全面に十分な配慮をし、事故の発生を未然に防止

すべき一般的な注意義務を負う（最高裁平成9年9月4日第一小法廷判決・裁判集民事185号63頁参照）。」それから、熊本地裁平成23年1月17日判決は、公立中学校の柔道の授業中に負傷した事案について、受け身の練習回数や方法に不十分な点があり、技の指導についても段階的指導及び練習を欠くなど、担当教員には注意義務を怠った過失があるとして市に損害賠償責任を認めたうえで、原告には、説明を真剣に聞かずに練習をした過失があるとして3割の過失相殺をしています。そのほかに、長野地裁松本支部平成23年3月16日判決は、柔道教室の生徒であった原告が、乱取り稽古中に急性硬膜下血腫等の障害を負い、後遺障害を残したという事案で、柔道教室の主宰者に対する請求を認容し、松本市及び体育協会に対する請求を棄却しています。神戸地裁平成2年5月19日判決は、中学1年の柔道部員が、夏期合宿中に熱中症を発症して死亡した事案について、市に対する請求を認容しています。広島地裁平成21年8月7日判決は、中学1年の生徒が柔道の練習中に頭を打って死亡したのは、指導者が危険な技を教えたうえ、適切な救護を怠ったためであるとして、道場の全指導者を指揮監督する立場にあったとして、柔道場の館長に対する請求を認容しています。柔道における事故は様々な態様がありますが、指導者の安全配慮義務を怠ったとされる事案が多いようです。

D裁判官： Sさんには、いろいろ判例を調べてきていただき感謝します。「学校リスク研究所」の統計によれば、1983年から2011年度までの中学校、高校を合わせた死亡事例18件において、中学校では柔道によるものが32件、その他の運動全般で8件、高校では柔道によるものが49件、その他の運動全般で23件、不明6件となっています。柔道事故による死亡のほとんどは頭部外傷によるもののようですが、他に窒息等も中学校では2件、高校では3件あるようです。やはりこの数字からみても柔道における事故そして頭部外傷によるものが多いといえますね。しかし、柔道は日本の国技の一つでもあり、広く世界各国にも普及し、オリンピック種目にもなっていますし、嘉納治五郎が、天真真楊流や起倒流などの各流派の柔術を深く研究して整理体系化したものを、「これは修身法、練体法、勝負法としての修業面に加えて人間教育の手段である。」として柔

道と名付けたところから分かるように、柔道は身体と精神の鍛錬には適切なスポーツだと思っています。そういう意味もあって、平成24年度から中学校体育で武道（柔道、剣道、相撲から選択）が必須となったのでしょうね。ただし、指導者の育成や事故予防、事故時の対応などの対策はしっかりしていただかないと困りますね。

B事務官：学校における体育の授業中の事故が結構多いという感想を持っています。指導する先生の注意義務もあるでしょうが、生徒のしっかりした自覚も必要だと思います。私の中学校時代の経験ですが、先生がちょっと目を離した隙に、砲丸をふざけて投げて、近くにいた生徒に怪我をさせたということがありました。この事故などもいろんな観点から問題になるのでしょうね。話は変わりますが、私も明日からジョギングは無理でもウォーキングから始めたいと思うようになりました。

C書記官：「健全なる精神は健全なる身体に宿る。」ということですから、私もテニス同好会の居酒屋コースからテニスコートの方にもう少し目を向け、フルマラソンも視野に入れてジョギングを続けてみたいと思います。

S裁判官：お二人ともやる気が出てきたようですね。これも今回の勉強会の成果ですか？私もスポーツ談義だから気楽にということだったので、参加させていただきましたが、なかなか奥が深いものがありましたし、楽しかったです。Dさんの誘導にかかってしまい、笑い話になるような体験を話してしまいましたが、Dさんは、「山キチ」といわれるくらい山に登っていた時期もあったようですので、Dさんからは登山に関することなどを聞いてみたかったですね。今度は是非その機会を持ってください。

D裁判官：スポーツに関することは幅が広く、奥も深いものがあり、今回のスポーツに関する勉強会は少し焦点がぼけてしまったような感じがしますが、とりあえずはここまでにしましょう。Sさんご要望の山のことについては、いずれ機会を持つということにしたいと思いますし、Cさんの釣り談義も聞いてみたいですね。次回は、民事法に関する基本に戻って、売買についてやっていきたいと思いますが、よろしいですね。Sさ

んには忙しい中、判例探索などをお願いして申し訳ありませんでした。また、貴重な体験談を聞かせていただきありがとうございます。この勉強会に機会があったらまた参加してください。

著者略歴

岩田　和壽（いわた　かずとし）

平成4年仙台簡易裁判所判事、平成5年大船渡簡易裁判所判事、平成8年札幌簡易裁判所判事、平成11年東京簡易裁判所判事、平成14年横浜簡易裁判所判事、平成17年土浦簡易裁判所判事、平成20年東京簡易裁判所判事、平成23年横浜簡易裁判所判事、現在に至る。

SUMMARY COURT
ある日の簡易裁判所

平成25年8月8日　第1刷発行

著　者　岩　田　和　壽
発行者　倉　田　　　勲
印刷所　図書印刷株式会社

〒160-8520　東京都新宿区南元町19
発　行　所　一般社団法人 金融財政事情研究会
　編集部　TEL 03 (3355) 1713　FAX 03 (3355) 3763
販　　売　株式会社きんざい
　販売受付　TEL 03 (3358) 2891　FAX 03 (3358) 0037
　URL http://www.kinzai.jp/

・本書の内容の一部あるいは全部を無断で複写・複製・転訳載すること、および磁気または光記録媒体、コンピュータネットワーク上等へ入力することは、法律で認められた場合を除き、著作者および出版社の権利の侵害となります。
・落丁・乱丁本はお取替えいたします。価格はカバーに表示してあります。

ISBN978-4-322-12351-7

動産・債権譲渡登記の実務 補訂版

日本司法書士会連合会 [編]

A5判・368頁・定価3,150円(税込)

動産・債権譲渡登記実務のスタンダード

- 前日本司法書士会連合会企業法務推進対策部・企業法務ワーキングチームのメンバーによる、動産・債権譲渡登記の実務体系書。
- 動産譲渡登記・債権譲渡登記それぞれにつき、実体的権利関係を整理した上で、各種登記申請手続、登記ファイル・証明書について、更新・統廃合がなされた記載例を一部刷新し、実践的に詳説。
- 動産・債権譲渡登記と密接な関係があるABLについては、貸付契約書・担保設定契約書等の実務で活用されている書式例を掲載。
- 登記一元化の提案もなされている債権法改正については、「債権法改正の基本方針」を踏まえ分析。
- 動産・債権譲渡登記に携わる関係者にとって必携の書。

● 主要目次 ●

第1編 動産譲渡登記の実務

第1章 総説
　動産譲渡/動産譲渡担保/動産譲渡登記制度

第2章 登記申請手続
　動産譲渡登記/延長登記/抹消登記/登記申請の受付および審査/通知制度/登記申請の却下、取下げ

第3章 登記ファイル・証明書
　登記ファイル/証明書

第2編 債権譲渡登記の実務

第1章 総説
　債権譲渡/指名債権以外の債権譲渡/債権譲渡に関する規定の債権質への準用/債権譲渡担保/債権譲渡登記制度

第2章 登記申請手続
　債権譲渡等登記/延長登記/抹消登記/登記申請の受付および審査/通知制度/登記申請の却下、取下げ

第3章 登記ファイル・証明書
　登記ファイル/証明書

第3編 ABLの実務

第1章 総説
　ABLの意義/ABLの仕組み/ABLのメリット・デメリット/ABL利用の適格性

第2章 ABLを取り巻く環境
　米国における活用状況/日本における取組/流動資産担保融資保証制度/今後の展開

第3章 ABLの手続の概要
　ABLの手続の流れ/具体的手続のポイント

第4編 民法改正と債権譲渡

第1章 総説
第2章 債権譲渡についての提案の検討
第3章 今後の展望

資料
　平17・9・30民商第2290号民事局長通達
　平17・9・30民商第2291号民事局長通達
　平23・1・31法務省告示第40号

条文索引・事項索引

一般社団法人 金融財政事情研究会　お申込先➡株式会社きんざい
〒160-8520 東京都新宿区南元町19
電話(03)3358-2891(直) FAX(03)3358-0037

オンライン図書販売　http://store.kinzai.jp/book/

「民法（債権関係）の改正に関する中間的な論点整理」に対して寄せられた意見の概要

一般社団法人 金融財政事情研究会 [編]
A5判・上製・3,168頁・定価8,190円(税込)

平成23年4月に決定された中間的論点整理に関するパブコメに寄せられた116団体と253個人からの意見を1冊に集約!!

■改正の方向性・スケジュール、審議のスケジュール・スピード、意見の聴取などの総論について多岐にわたる意見を掲載!
■「債権の目的」から「保証債務」、「債権譲渡」から「新たな債権消滅原因に関する法的概念」、「法律行為に関する通則」から「消滅時効」、「契約各則」から「使用貸借」、「役務提供型の典型契約総論」から「規定の配置」ごとに各論の意見を整理!
■民法学者、裁判官、弁護士、司法書士、企業の法務担当者必携の書!

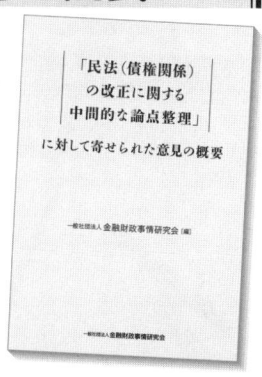

●主要目次●

【民法（債権関係）部会資料33-1】
「民法（債権関係）の改正に関する中間的な論点整理」に対して寄せられた意見の概要（総論）について

【民法（債権関係）部会資料33-2】
「民法（債権関係）の改正に関する中間的な論点整理」に対して寄せられた意見の概要（各論1）について
第1 債権の目的／第2 履行請求権等／第3 債務不履行による損害賠償／第4 賠償額の予定（民法第420条,第421条）／第5 契約の解除／第6 危険負担（民法第534条から第536条まで）／第7 受領遅滞（民法第413条）／第8 債務不履行に関連する新規規定／第9 債権者代位権／第10 詐害行為取消権／第11 多数当事者の債権及び債務（保証債務を除く。）／第12 保証債務

【民法（債権関係）部会資料33-3】
「民法（債権関係）の改正に関する中間的な論点整理」に対して寄せられた意見の概要（各論2）について
第13 債権譲渡／第14 証券的債権に関する規定／第15 債務引受／第16 契約上の地位の移転（譲渡）／第17 弁済／第18 相殺／第19 更改／第20 免除及び混同／第21 新たな債権消滅原因に関する法的概念（決済手法の高度化・複雑化への民法上の対応）

【民法（債権関係）部会資料33-4】
「民法（債権関係）の改正に関する中間的な論点整理」に対して寄せられた意見の概要（各論3）について
第22 契約に関する基本原則等／第23 契約交渉段階／第24 申込みと承諾／第25 懸賞広告／第26 第三者のためにする契約／第27 約款（定義及び組入要件）

【民法（債権関係）部会資料33-5】
「民法（債権関係）の改正に関する中間的な論点整理」に対して寄せられた意見の概要（各論4）について
第28 法律行為に関する通則／第29 意思能力／第30 意思表示／第31 不当条項規制／第32 無効及び取消し／第33 代理／第34 条件及び期限／第35 期間の計算／第36 消滅時効

【民法（債権関係）部会資料33-6】
「民法（債権関係）の改正に関する中間的な論点整理」に対して寄せられた意見の概要（各論5）について
第37 契約各則―共通論点／第38 売買―総則／第39 売買―売買の効力（担保責任）／第40 売買―売買の効力（担保責任以外）／第41 売買―買戻し,特殊の売買／第42 交換／第43 贈与／第44 消費貸借／第45 賃貸借／第46 使用貸借

【民法（債権関係）部会資料33-7】
「民法（債権関係）の改正に関する中間的な論点整理」に対して寄せられた意見の概要（各論6）について
第47 役務提供型の典型契約（雇用,請負,委任,寄託）総論／第48 請負／第49 委任／第50 準委任に代わる役務提供型契約の受皿規定／第51 雇用／第52 寄託／第53 組合／第54 終身定期金／第55 和解／第56 新種の契約／第57 事情変更の原則／第58 不安の抗弁権／第59 契約の解釈／第60 継続的契約／第61 法定債権に関する規定に与える影響／第62 消費者・事業者に関する規定／第63 規定の配置

一般社団法人 金融財政事情研究会 お申込先➡**株式会社 きんざい**
〒160-8520 東京都新宿区南元町19
電話(03)3358-2891(直) FAX(03)3358-0037

オンライン図書販売　http://store.kinzai.jp/book/

プロが教える 伝わる文章、伝える文章

徳永文一 [著]　A5判・160頁・定価1,575円(税込)

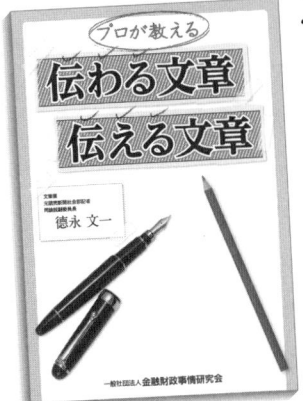

プロが繙く伝わる文章の極意!!

- 日本司法書士会連合会発行の月刊誌「月報司法書士」2008年1月号～12月号での筆者連載講座「司法書士のための文書技術」を基に一部文章を書き下ろし。
- 元・読売新聞社会部記者の筆者が、これまでに見聞きしてきた多くのエピソードをまじえながら、実践的文章作成の手ほどきを展開。
- また、多数掲載のエピソードは、堅苦しい「学習本」としてではなく「読み物」としても楽しめる。
- 巻末には本書のエッセンスを凝縮した「文章の書き方 30のポイント」を一挙掲載。

●主要目次

第1章　簡潔・明瞭そして大胆に
読みで養う文章力／意図を正確に伝える／警察庁も文章指導／読みやすい文章例／桜田武・元日経連会長／文章の要素

第2章　日々の材料集めがモノを言う
様々な文章の型／パソコンで様変わり／何を伝えたいか／書き出しが肝心／小川宏さんに学ぶこと

第3章　読者像を思い浮かべる
貞水さんの気遣い／県警本部長の文章／「身近な話」が大切／朝永博士の講演録

第4章　文章の基本を押さえる・その1
文章論を比べる／句読点の使い方／文章の体裁／修飾語について

第5章　「事実と意見」を考える
学歴の金もうけの関係／裁判員法の条文／正確に伝える／説得力のある文章／「納棺夫日記」の重み

第6章　すらすらと音読できるか
教育再生会議の文章／加藤秀俊さんの怒り

第7章　手紙の効用
「現代英語はお粗末」／仁科博士の手紙／命がけの愛／湯川秀樹博士

第8章　「公用文」の書き方に学ぶ
少年院長の教え／必要な経験と教養／公用文用字用語例集／公用文作成の要領／民間人の文章論／再び「簡潔さ」について

第9章　盗用と引用を考える
ブログ開設者の抗議／著作権のこと／ウィキペディア／日本経団連と連合／著名人の言葉／小泉首相の「米百俵」

第10章　文章の基本を押さえる・その2
編集する側の苦労／紋切り型／誤字・脱字／交ぜ書き／カタカナ語／箇条書き

第11章　肩の力を抜いて書こう
読者の反応／ラジオ体操は騒音か／批判はつきもの／松本清張の迫力／書き残す意義／成功談より失敗談

第12章　「名文」について考える
作家の名文論／『城の崎にて』考／正宗白鳥の意見／私の好きな文章①／私の好きな文章②／「雨ニモマケズ」

文章の書き方 30のポイント

一般社団法人 金融財政事情研究会　お申込先➡株式会社きんざい
〒160-8520 東京都新宿区南元町19
電話(03)3358-2891(直) FAX(03)3358-0037

オンライン図書販売　http://store.kinzai.jp/book/